朝日新書
Asahi Shinsho 946

パラサイト難婚社会

山田昌弘

朝日新聞出版

はじめに

夫婦とは「他人」か

「夫婦って、別れられる家族なんだと思います」

2017年放送のテレビドラマ『カルテット』。これは、主人公を演じる松たか子さんが淡々と言うセリフです。天才的脚本家の坂元裕二さんが描くこのドラマはカルト的な人気を博しましたが、このセリフに内心ドキッとした人も多かったのではないでしょうか。私もそのひとりです。

およそ40年にわたり、私は日本の家族や夫婦、家庭について家族社会学の分野で研究を続けてきました。現在、「日本の夫婦の3組に1組は離婚する」のは周知の事実ですが、それでも前述のセリフは、破壊力のある言葉として視聴者のもとに投下されたと言っていいでしょう。なぜなら**「夫婦は他人」であることは、長らく日本社会では、（少なくとも表面上は）〝言ってはいけない〟タブーだった**からです。

どれだけタブーであったか、仕事上で出会った例を紹介します。15年ほど前、高齢の離婚経験者をインタビューしていた時、戦後間もない1950年頃離婚した男性（子どもなし）が、それを知った友人のひとりから、妻を捨てるなんて「非国民だ」と非難されたそうです。そのような考え方は、今でも残っています。私は読売新聞の人生案内の回答者をしていますが、離婚経験者の妹の方からの相談がありました。それは、「離婚する人は人間のくずだ」という母親の意見に困っているというものでした（読売新聞朝刊2023年2月28日付）。

血はつながらなくても、たとえ紙切れ一枚で結びついた関係性でも、「主が二人を分かつまで」「病める時も、健やかなる時も」「幾久しくお守りください」と、神と両親と親戚と世間に宣言した間柄である以上、「赤の他人」では済まされない、半永久的に絆を持ち続けることこそが誠の道……、大げさに言うと、それが戦後日本人の結婚観でした。

だからこそ、こんなセリフがドラマの中で堂々と語られるようになった背景には、ついに「夫婦＝他人」の概念を、ここまで大っぴらに語れる社会になったのか……というある種の感慨が潜んでいたのです。

日本の「少子化」は30年前にさかのぼる

２０２３年6月、あるデータが衝撃をもって報道されました。

22年に生まれた日本人の数、77万人――。

これはデータを取り始めた１８９９年以来、過去最少の数字です。専門家にとってはある意味「予想通り」ではありましたが、いざ現実のものとして提示されると、やはり心が冷え込まずにはいられない事実でした。

終戦直後の「第一次ベビーブーム」（１９４７～49年）の頃、日本では毎年約２５０万人の赤ん坊が誕生していました。その子ども世代に当たる「第二次ベビーブーム」（１９７１～74年）でも、約２００万人。しかし、そこから徐々に日本の出生数は減少していき、ピークのおよそ半分になったのが１９９０年頃（出生数１２２万人）のこと。それが２０１

6年には100万人を割り、21年には81万人、そして翌年ついに77万人となったのです。

ただ、こうした数字の推移は、実に合理的かつ何の不思議もない、ごく自然な変化です。30年前から少子化が起こり、母数としての親世代が減っていけば、次世代の子どもの数が減少するのは当然のこと。

しかし、そのスピードが自然ではないことが問題でした。ここ5年の間、出生数が毎年大きく数字を減らしているのは、やはり尋常ではありません。「子どもを生み育てられない」事情を抱える人、あるいは「生み育てたい」と思えない人、そもそも結婚に踏み切れない人、恋愛をためらう人々の数が年々急増していかないと、ここまでのようなジェットコースター並みの急下降、すなわち少子化の説明がつかないのです。

同時に私が驚くのは、こうした急激な少子化の実態を、多くの人々が初めて知る事柄のように受け止めていることです。

特に政治に携わる人々の反応です。こうした減少につぐ減少を示す出生数低下現象は、行政が適切な策を講じずに少子化を事実上放置してきた結果にすぎません。にもかかわらず、政府データが公表されるたびに「出生数、減少！」と毎年ショックを受け、声高に報道される。そしてすぐに忘れられます。これは、事実に対する明らかな認識不足です。

「昨今の若者は（責任を伴う）結婚をしたがらない」「気ままな独身時代を謳歌したいがゆえに、結婚を先送りしている」と勘違いして、「今は未婚の人々も、いずれは結婚するはず」「だから、いずれ出生数は回復するはず」と、**楽観的かつ無責任な日和見主義を掲げてきたからに他ならない**のです。

2023年1月、岸田首相は「異次元の少子化対策に挑戦する」と宣言しました。ようやく世間も「少子化」の深刻さを肌感覚で知るようになったのでしょう。テレビや新聞、雑誌などで「日本はどこで少子化対策を間違ったのか」「どうすれば女性は子どもを産んでくれるのか」という議論が湧き起こりました。私も各方面から意見を求められましたが、もはや言うべきことは言い尽くしています。いえ、もっと正確に言えば、30年前からこの問題について指摘し続けてきました。なぜなら、現在の少子高齢化問題は30年前からすでに予測可能であったからです。

結婚のリアルは声なき声に潜む

家族の在り方、夫婦の実態、格差社会のリアル、少子化の原因について考察するのが、私の専門領域です。2004年の拙著『希望格差社会――「負け組」の絶望感が日本を引き裂く』（ちくま文庫）では、日本の少子高齢化の根源でもある日本の「格差社会」について論じ、2019年の『結婚不要社会』（朝日新書）では、近代日本社会の「結婚」について、欧米のそれと比較しながら論考しました。20年には『日本の少子化対策はなぜ失敗したのか？――結婚・出産が回避される本当の原因』（光文社新書）で、深刻化する日本の少子化の原因と対策を探りました。

これらはすべて、「現状と原因」を分析・解説した本です。そうした土台の上に本書では、日本人の結婚観・家庭観について未来の予想と提言を試みたい。そのように思っています。

30年後の社会を自分自身が見届けられるかどうかはわかりません。それでも未来を放擲（ほうてき）できないのは、1999年に『パラサイト・シングルの時代』（ちくま新書）を上梓（じょうし）した時代から変わらず、〝あまりに日本的な〟この結婚観・家族観が、現在の超少子高齢社会の根本要因だとも思えるからです。同根問題であるという意味です。

日本の少子高齢化対策に関しては、よく「欧米を見習え」「出生率が回復したフランスを見習え」「北欧の福祉国家を見習え」などの声が聞かれます。実際に政府も、西欧諸国の成功例を参考に様々な少子化対策を打ち出してきました。保育所の増設、産休・育休制度の充実、男性の育休取得率向上、子ども手当などなど。

しかしその効果は、いずれもはかばかしくありません。いくら保育所を増設しても、男性の育児休業取得率を高めようとも、日本人の出生数は回復しません。なぜなら日本の少子化の背後には、極めて日本的な「結婚観」「未婚観」「離婚観」が隠れており、そこを直視しないことには、日本人は今後も積極的に「結婚しよう」「子どもを産もう」と思わないからです（北西ヨーロッパの多くの国は、大学など高等教育は無償です。そこだけは絶対に見習わないようですが）。

家族社会学を論じる際、大切なのは二つの視点です。

一つ目は「社会の側からの視点」、もう一つは「個人の側からの視点」です。少子高齢化問題は国が早急に手を打つべき喫緊（きっきん）の課題ですが、そうした**国家としてのマクロな視点や対策のために必要なのは、国民側の極めてミクロな個人的視点**です。

「なぜ、結婚したくないのか（したいのか）」「なぜ、子どもを持ちたくないのか（持ちたいのか）」「なぜ、離婚したいのか（したくないのか）」「なぜ、未婚のままでいたいのか（いたくないのか）」「そもそも、結婚・未婚・離婚の意味とは何なのか」――。そうした表に出にくい声なき声にこそ、「結婚しなくなった日本人」のリアルな本音が潜んでいます。

日本人の未来の「結婚観」は？

言うまでもないことですが、結婚・未婚・離婚をはじめ、子どもを持つ・持たない、家庭を持つ・持たないは、極めて個人的な問題です。しかしながら、その個人的な問題を「すべて皆さんの自由ですよ」と任せっきりにできないところに、つまり国家が介入せざるを得ないという点に、「少子化対策」の難しさ、大いなる矛盾が潜んでいます。

基本的には、「結婚したい人はすればいい」「未婚という道を選ぶのも個人の自由」「離婚したい人はすればいい」と私も考えています。ですが、以下のような現実を直視すると、日本の未来に漠とした不安を感じてしまうのも事実です。

「結婚した3組に1組は離婚する」日本
「60歳の3分の1が、人生を共にするパートナーを持っていない」日本
「男性の生涯未婚率が3割に届こうとする」日本

生涯独身で、経済的に恵まれ、友人も多く、青春を謳歌し続けられる人はいいでしょう。でも今後、多くの高齢者が(高齢者に限らず若者も)、「孤立」「孤独」に追い立てられてしまうとしたら、それはやはりいち日本人として、憂うべき未来だと思うのです。

とはいえかつての戦時下のように、国が国民に対して「産めよ、殖やせよ」と大号令をかけられる時代ではありません。**恋愛も結婚も未婚も離婚も、今は「個人」が選ぶべき時代。選べる時代。選ばなくてはならない時代**です。

そうした時代に、何が日本人に、出産を、育児を、結婚を、いいえ、そもそも恋愛を躊躇(ちゅうちょ)させているのかを熟考する必要があります。

「働く女性が増えたから」

「男子の草食化が進んだから」

「夫が家事育児を分担しないから」

そのような現象は、単なる結果にすぎません。あるいは極めて表層的な、いい加減な理由付けにすぎません。こうした現象の根本的な原因は何なのか。結婚をせず、そもそも前段階である恋愛をしなくなり、子を産まなくなった現代日本人には、共通するボトルネックが何かあるはずです。

本書は、結論ありきの本ではありません。皆さんと共に考えていきたいのです。

「結婚」は人生に何をもたらすのか。

「未婚」で何が悪いのか。

「離婚」は何を意味するのか。

「結婚・未婚・離婚」の定義をアップデートした先に、私たちはどんな人生を描き、いかなる社会を形成し、どのような国を夢見ていくのか。皆さんと共に考えていければ、私の研究人生の総仕上げとして、これ以上幸せなことはありません。

パラサイト難婚社会　目次

はじめに　3

第1章　「結婚」とは何ですか？——現実と乖離する結婚観　21

第2章 「結婚生活」には何が要りますか？
――日本の夫婦のリアル 71

第3章 「未婚」は恥ですか？
――パラサイト社会と個人化社会の矛盾 123

第4章　「離婚」は罪ですか？——日本の離婚のリアル

第5章　「結婚」が人生に与えるもの
——人と人が「コミット」する時　227

謝辞

第1章

「結婚」とは何ですか？

——現実と乖離する結婚観

結婚とはゴールではなくスタート

ロシアの文豪トルストイ（1828〜1910）は、小説『アンナ・カレーニナ』の冒頭で、こう述べました。

「幸福な家庭はすべてよく似たものであるが、不幸な家庭は皆それぞれに不幸である」と。

私はこれまで多くの「夫婦」の形、「結婚」「未婚」「離婚」の様相を調査してきました。学術的な調査研究以外にも、新聞の悩み相談、学生からの相談、一般の方から寄せられる意見や相談も合わせ、その数は膨大なものになります。そうした「結婚」のリアルを見聞きするたびに、トルストイとは、一つ違ったフレーズが脳裏をよぎるのです。

「結婚のカタチは皆それぞれに多様である、それが幸福であっても、不幸であっても」と。

若い方（特に女性に多いのですが）は、「結婚」をゴールと考えがちです。たしかに『シンデレラ』や『白雪姫』などに代表されるおとぎ話や、世の中の青春ドラマなどは、苦難を乗り越えた先に「無事二人は結婚しました、めでたし、めでたし」で終わります。結婚すればすべての苦労は報われ、そこからバラ色の生活が待っている。その思い込みがあるがゆえに、現代社会でも、婚活で「結婚＝ゴール」を求め、ゴールありきで努力する人が後を絶ちません。

しかし、長い人生を生きてきた人ならお察しでしょうが、「結婚」は決して「バラ色」でも「ゴール」でもありません。結婚は、人生における単なる通過点にすぎず、文字通りバラ色の結婚式と夢の余韻が持続している新婚生活のその先には、長い長い、日常生活の繰り返しが待っています。その多くはバラ色でもなければ、天国でもない。ごくありきたりの日々であり、そこには新たな問題、課題、〝紛争の種〟も蒔かれているのです。

「夫に長年男性の不倫相手がいたことが発覚しました」「夫に女装癖があることがわかりました」「妻の浪費癖が直りません」「配偶者の言動はモラハラに当たるのでしょうか」「互いに義理の両親との仲が悪く、苦労しています」「息子が引きこもりになって、将来の日途が立ちません」「夫が退職日を迎えたら、離婚届を突きだそうと思っています」などなど。

長年、新聞のお悩み相談に携わっている私でも、毎回新鮮な驚きを抱くほど、結婚生活は多様性に満ちています。それほど**想定外のことが起きる現場。それが「結婚」**なのです。

言うまでもなく、本書を通じて「結婚」の価値を貶（おとし）めたいわけでは全くありません。むしろ、その逆です。「結婚したからといって、幸せが手に入るわけではない」「逆もまたしかり」の現実において、「結婚」のリアルを知ることで、これまでとは違った結婚観・家庭観のヒントを得てほしいのです。「結婚・未婚・離婚」と一口で言えば単純ですが、いずれの道を進むにしろ、自分なりに納得して、人生を選び取っていただきたいのです。

正解のない結婚のリアル

近代以前のはるか昔から、「結婚」は決してバラ色ではなく、それぞれの時代に伴う悩みや痛みがありました。そして令和の時代には、令和なりの「結婚」の難しさや特徴が存在します。本章では、それを見ていきたいと思います。

近代日本に生きる私たちの多くは、「結婚」とは幸せの象徴だと従来から思い込んでいました。というのも、漫画も映画もドラマも、かつては「結婚＝ゴール」として描くものが数多く、古くは小津安二郎監督の映画でも、『晩春』『麦秋』などは、主演の原節子さんの「結婚」に向けて、親が心を砕くストーリーが描かれています。私の幼少期や青春時代に観ていたテレビドラマも、大抵が「結婚＝ゴール」のストーリー構成でした。ドラマとして人々がワクワク・ハラハラするのはあくまでも「結婚」に至るプロセスであり、出会いと別れ、喧嘩と和解、新たなライバルの出現やすれ違いの連続が、語られるべき物語として私たちの眼前に差し出されてきたのです。ドラマのラストは、「雨降って地固まる」的に大団円を迎え、恋する二人が結ばれるのが定石。最終話はめでたく結婚式が描かれることも多かったように思います。

そのシンプルな構造は基本的に今も大きく変わっていません。ネットニュースやSNS空間で有名人の結婚に関して詳細に記されるのも、ほとんどは「結婚までのストーリー」です。誰と誰が恋愛関係にあり、どんな障壁があり、その壁をどう乗り越えて成婚するのか、または破局するのか……。人々が興味をそそられるのはそこまでで、無事「ゴール」を迎えたその後のことなど、誰も関心はないのです。そして、次に有名人の結婚が話題になるのは、不倫や離婚が発覚した時だと決まっています。

「結婚＝ゴール」は、衆目の的。

それに対して、「結婚生活＝日常生活」は、誰の心も引きつけない。

なぜでしょう。

先述の通り、後者である「結婚生活」には正解が存在せず、しかも数限りない答えがあるからだと私は考えます。だからこそ、「結婚すると互いの立場はどうなるのか」「夫婦の関係はどう変化していくのか」「家族とは何か」「専業主婦（夫）世帯と、共働き夫婦の意識に違いはあるのか」「子どもを持つと、夫婦は変わるのか」「夫婦の財布は同じか、別か」「余暇はどう過ごしているのか、あるいは共に過ごしていないのか」「日々、どういう会話をしているのか」などに関心を向けることは、複雑化する社会を理解する手立てになるのです。

特に日本は、「おひとりさま」文化が醸成されてきた国です。これは世界でも珍しく、例えば欧米はパートナー文化ですから、結婚している夫婦（同性婚、あるいは事実婚、結婚前のカップルでも）は、ことあるごとに2人1組でパーティやイベントに招かれます。ホームパーティや食事に、他のカップルを自宅に招くことも多いので、否が応でも他人の家庭生活、結婚生活、カップル生活の情報を交換せざるを得ません。

もちろん、表面上振る舞う姿がそのまま、他者がいない空間でも持続しているかどうかはわかりません。ただし日本に比べ、「結婚生活」の何割かは見渡せるのです。例えば、この二人はどういうリビングで食事をし、どういう空間（色彩、間取り、スタイリッシュなのかアットホームなのか）で過ごしているのか、どういう本に囲まれ、どういう景色がこの家からは見えるのか。飾ってある写真から、彼らがどんな家族を持ち、バカンスにはどのような過ごし方を好んでいるのか。そうしたプライベートな面も訊くともなく知ってしまう。

それに対して日本では、夫婦が共に参加するイベントは極めて少ないと言えるでしょう。男性は会社の同僚やプライベートな仲間たちと居酒屋やゴルフで盛り上がり、女性はママ友や地域コミュニティで盛り上がる。男女のコミュニティは厳密に分かれ、かつ自宅に他の家族を招く機会もそう多くはありません。そうなると、日頃親しく接している友人や同僚、上司や先輩、後輩やママ友、隣近所の人たちが、普段はどんな結婚生活を営んでいるか、意外と見えてこないのです。相手がどのような配偶者を持ち、どのような性格で、どんな共通の趣味があるのか、どういう生活空間で、どういった類の本に囲まれ、週末はどんな風に過ごしているのか……、そうした夫と妻の親密性は、付き合いが長くなっても不明なままです。

日本では「おひとりさま」文化に注目が集まったことで、「ひとりでいること」の情報はわりとたやすく流れてきます。あるいは「結婚しない男女」や「孤独死」「引きこもり」などの社会問題が多いことも関係しているでしょう。しかし、逆に結婚生活を維持している人々がどのような生活を送っているのかについては、あまり語られることがありません。

だからこそ本書では、**あまり注目を浴びない一般的な「結婚」のリアルに焦点を当てたい**と思います。人口約1億2000万人強の国で、生涯未婚で過ごす人が約3279万人もいる日本、「3組に1組は離婚する」日本だからこそ、「結婚」のリアルを分析すべきだと考えるからです。

令和の学生が語る「ザ・昭和」な結婚観

結婚生活のリアルを多くの人が知らない中で、それでも「結婚のイメージ」は独り歩きし、かつ固定化されてきたと言えるでしょう。

近年は世界的「多様性」の時代と呼ばれています。性自認や性的指向性、いわゆるLGBTQに関しても、広く語られるようになってきました。同性結婚やパートナーシップ制度を定める国も増えています（2023年6月現在、日本でも328自治体でパートナーシップ制度を設けています）。

しかし、だから「結婚も多様性の時代になった」と一概に評することはできません。むしろ日本は今、「多様性」に戸惑っていると言った方が近いのではないでしょうか。同性婚自体、日本の法律上ではいまだに認められていませんし、パートナーシップ制度も、病院で家族としての扱いがあり、公営住宅の入居が認められたりと一定の効果は発揮するもものの、ある法学者に言わせれば、ほとんど法的効力はないそうです。夫婦別姓問題も、改正をめぐっての議論が起きてからかれこれ30年経つのに、ほとんど何の進展もありません。

こうした現状は、「頭の固い政治家のおじさんたちが反対しているから」でしょうか。

私はそれだけとは思いません。日々、大学で若者と接している経験から、彼ら若い層にも、意外にもオールドタイプな価値観が蔓延（まんえん）しているのに驚かされてきたからです。

彼らは「デジタルネイティブ」と呼ばれる世代で、世界中の情報に瞬時にアクセスする手段を持っています。実際に時間さえあれば、すぐにスマホ片手にスクロールしている姿を、大学のそこかしこで目にします。しかし、そんな彼らと話してみると、**特に「結婚観」や「家族観」については、驚くほど保守的な〝日本的結婚観・家族観〟を持っている**ことに気づかされます。

要するに、他人が新しい価値観を持って、それを実践しても構わない。しかし、自分は昔ながらの結婚をしたい、というのが本音です。

女子学生なら「ある程度の年収の男性と結婚して、専業主婦になりたい」、「自分も働いてもいいが、ある程度の生活の質を確保するために、男性にもそこそこの収入を望みたい」「結婚当初は賃貸でもいいが、いずれはマイホームを買って暮らしたい」「子どもは2人、なおかつペットと共に生活したい」「夫の定年退職後はあくせくせず、趣味の時間をたくさん持ちたい」。

「バリバリ働いて人生を切り拓いていきたい」という女子学生も増えていますが、大半は昭和時代に生きてきた私世代とほとんど同じ、「ザ・昭和」的結婚観を維持していることに、内心かなり驚かされてきました。私が幼少期から青春時代を過ごしてきたのは、スマホもインターネットもない時代です。情報収集は新聞や雑誌かテレビまたはラジオ、あとは人から聞いた話くらいの昭和時代には、「結婚の在り方」や「家族の在り方」も、周囲の極めて狭いコミュニティに生きる人々の事例しか知り得なかったものです。

「20代前半で結婚し、夫は正社員、妻は専業主婦として世帯を築き、子どもは2～3人持ちいずれはマイホームを」という夢は、何も独創的な発想でも何でもなく、単に育った環境や親戚、もしくは周囲の大人たちも皆そうだからでした。そうでない「生き方」「結婚観」を知らなかったからこそ、疑問なく進むことができた人生のレールだったのです。

しかし今は、令和の時代です。当然ながら、現在の20歳前後の若者と、私が生きてきた時代は異なります。昭和・平成・令和と、時代や社会、経済状態は激変しました。白黒テレビ、洗濯機、冷蔵庫が「三種の神器」として豊かさの象徴であった1950年代に比べ、現代の若者は一人ひとりがスマホというコンピュータを手のひらに持ち、インターネットで世界中の情報にアクセスし、多様な文化・価値観に接するようになりました。

しかし、どれほど社会が変わろうと、人々が思い描く「日本人として幸せな人生の理想像」に大きな変化がないのは、いったいなぜなのか。疑問に思った私は、少々意地悪かもしれませんが、学生たちに向かって、あえてこんな言葉をぶつけてみることがあります。

「40歳以下の日本人の4分の1は一生結婚できないんだぞ」

「結婚しても、3組に1組は離婚するんだぞ」

と。しかし、彼らにとってこんな脅しは、ほとんど意味はないようです。さすがに社会学専攻の学生たちですから、こうした数字は頭では理解しています。でも、「自分はその中には入らない」と、根拠なく信じている。「自分だけは大丈夫」だと思い込んでいるのです。不安を持つようになった学生もいますが、彼らも、「婚活するなら早い方がいいですか」「離婚しない相手を見極める方法はありますか」などと質問してきます。

日本人にとって「古き良き家庭像」とは

では、昭和時代から続くオールドタイプな「日本人として幸せな結婚観・家族観」とは、具体的にどのようなものなのでしょう。日本で夫婦別姓や同性婚の議論になると、大抵「日本古来の結婚観・家庭の在り方を崩壊させてしまう」という意見が湧き起こります。しかし、その実態はどういうものなのか。

おそらくこうした発言をする人々の脳裏に浮かぶのは、「夫婦2人に子どもが2〜3人」仲良く茶の間のテーブルを囲む姿ではないでしょうか。より高齢の人ならば、そこに「祖父母と同居」の光景も付随されるかもしれません。要するに、漫画やテレビアニメでお馴染みの『サザエさん』一家のような図です。波平とフネの夫婦のもとに生まれたサザエ・カツオ・ワカメの3児。そこに長女サザエと結婚したマスオと、彼らの子ども、タラオが同居するスタイルです。

三世代、合計7人が一つ屋根の下に暮らす「ザ・昭和」な家族像は、もう少し時代が下ると、『ドラえもん』や『クレヨンしんちゃん』などに見られる「核家族」にシフトしていきます。さすがに三世代同居は少なくなり、親と子の二世代同居がスタンダードになっていきます。

しかし、こうしたノスタルジックな家族像は、現実にはもはや少数派です。『サザエさん』に見られるような「三世代同居世帯」は、1980（昭和55）年時点では全世帯中、約2割（19・9％）を占めており、『ドラえもん』や『クレヨンしんちゃん』的な、「夫婦と子ども世帯（42・1％）」と合わせると実に6割以上も存在していました。半数以上ともなれば、世間のマジョリティと呼んでも差し支えないでしょう。

ところが2020（令和2）年になると、その様相は大きく変わってきます。国勢調査の「世帯の状況」によると、三世代世帯などが含まれる「その他の世帯」は全体でわずか7・7％を占めるにとどまり、「夫婦と子供から成る世帯」も25・1％まで減少。つまり両方合わせても3割強です。代わりに増えてきたのは、「単独世帯」の38・1％。いわゆる「おひとりさま」社会の誕生です。

三世代同居はおろか、二世代同居も減り、一世代の夫婦2人生活も減少……。つまり、ひとりで暮らす単身世帯がマジョリティとなっていく社会が、現在の日本社会の姿です。

にわかには信じたくない現実ですが、ビジネス業界はいち早くその変化を察知し、「おひとりさま」向けサービスや商品、ビジネスを展開してきました。子育てや介護がなければ、可処分所得は多くなります。単身者向けを意識した高額商品やブランドグッズの購買層は、こうした「おひとりさま」がメインとなり構築されてきたのです。昨今の女性は焼き肉店でひとりで食事をしたり、ひとりカフェで過ごしたり、ひとり映画などにも抵抗はありません。新型コロナ禍の影響で、「ひとりがいい」という傾向は、加速した感もあります。この間に、ひとり旅や「ソロキャンプ」も盛んになりました。

さらに、おひとりさまの将来不安を見越して、生命保険会社も家族のための死亡保険よりがん保険など自分の将来リスクに備えた保険に力を入れるようになっています。今後は、高齢独身者の「終活（人生の終わりのための活動）」向けの様々な商品が開発されていくでしょう。

このように確実に時代は変化しているにもかかわらず、人々の意識の根底にあるのは、相変わらず古き良き昭和の「結婚観」「家庭観」というギャップ。政治家はもちろん、国民の多くが、昭和の価値観を引きずりながら、つまり「結婚観」「家庭観」をアップデートさせないまま、平成、令和を生きてしまったツケが今、様々な方面で噴出しています。

繰り返しますが、**「ザ・昭和」な結婚観・家庭観はもはや、非現実的な虚像**になりつつあります。人口動態的にも経済的にも、働き方や就労スタイル的にも、今の日本では持続不可能です。

昭和の結婚観・家庭観は、夫である男性が終身雇用を前提に、定年まで安心して仕事に従事できる環境が用意されてきたからこそ可能だった結婚スタイルでした。外で働く夫に対し、一方の妻たる女性は、夫を支え、家事・育児・子どもの教育・時には両親の介護を含め、家事全般を担う。「男女分業型夫婦」だからこそ可能だった、「ザ・昭和」な結婚スタイルだったのです。

しかし令和の今、「終身雇用」「経済成長」「人口増加」を大前提とした働き方、所得収入スタイルは、大きく崩れました。親世代にはかろうじて可能だった「結婚生活」を、現代の若者の多くは手に入れることができません。要するに、〝昭和のまま〟の脳内イメージと現実との大きなギャップが、日本人の「結婚」を難しくしているとも言えるのです。

「伝統的日本の結婚観」は輸入文化である

そんな「古き良き伝統的な日本的家庭像」ですが、実はそれほど「古く」も「正統」でもありません。1人の夫に1人の妻、1～3人ほどの子どもというスタイルは、日本が戦後、意図的に獲得・定着させてきたものだからです。ここで少し、日本の「結婚」の歴史をたどってみましょう。

古くを振り返れば、平安時代の貴族階級は紫式部の『源氏物語』に見られるように、女性は親元に住み続け、そこに夫が通ってくる「妻問（つまどい）」、いわゆる「通い婚」が一般的でした。男性が3日間続けて女性のもとに通い続けると、4日目に女性の両親も含めて会食をし、それで「結婚が成立した」とみなされる時代だったのです。

実際に、『源氏物語』のストーリーの核ともなる男女の恋愛模様は、（主に貴族階級に限ってですが）1人の夫に複数の妻という「一夫多妻」の慣習があったればこそ。あの時代に現代的一夫一婦制が確立されていれば、日本文学の華たる名作もこの世には生まれなかったはずです。光源氏は、葵の上という正妻がいながら父の後妻と関係を持ち、のちに正妻格となる紫の上を幼児誘拐する。他にも多くの側室や愛人、不倫相手を持ちますが、そうした個性豊かな恋愛模様が、『源氏物語』の彩りになっているからです。

ちなみに妻のもとに夫が通い、子どもは妻の実家で成長する妻問のカタチは、日本固有のものではありません。今もポリネシアやインドの地方などに存在する、れっきとした「結婚の一形態」です。

サウジアラビアやインドネシアなど、イスラム諸国やアフリカの一部では、21世紀に入った現在でも「一夫多妻」が法的に認められています。同じくアフリカの一部や、あるいはネパールの一部では、「一妻多夫」の結婚慣習もいまだ存在しています。ネパールやチベットでは、兄弟が1人の妻をめとる習慣もあるくらいです。

このように、「結婚」のカタチに世界共通の正解はありません。私たちが現在、**〝正しい結婚〟と思い描くイメージは、実は世界の一部にすぎない西欧諸国が築き上げた一つのスタイルでしかない**のです。

話題を日本に戻しましょう。時代が下り戦国時代や江戸時代で、結婚後、女性が男性の家に入る「嫁取り婚」が普及した後も、公家や武将たち、そして、江戸時代になると豪商や地主など富裕層は「1人の夫に複数の妻」をめとる習慣（一夫多妻）を持っていました。もちろんこれは主に、一部の富裕層に限っての話です。いくら多くの妻を持ちたくても、複数の妻の生活を賄える経済的基盤がなければ、一夫多妻は実現しません。現実的には大多数の一般庶民は、1人の妻を持つことしかできなかったはずですが、日本の伝統的婚姻の形として倫理上、一夫多妻は決して不道徳ではなく、むしろ「当たり前」、いや、男性にとっては男の甲斐性として賞賛さえされた時代が長かったのです。

余談にはなりますが、現在「同性婚」を頑なに拒否する日本政府ですが、〝伝統的価値観〟に照らし合わせれば、むしろ日本は衆道文化を古来持ち、男性同士の恋愛が存在した国です。男性2人で正式に結婚して生活する慣習はありませんでしたが、少なくとも感情的な恋愛や性愛においては、男性同士の愛は広く認められていたのです。それが今になって、拒否反応を抱くというのはおかしな話かもしれません。「同性同士の恋愛」に否を突きつけてきたのは、むしろキリスト教文化圏である西欧社会の方です。アダムとイブの交わりを「原罪」と定めるキリスト教の教義では、「セックス＝悪」であり、しかしセックスを禁じては、人類は滅びますから、かろうじて「結婚の枠内でのセックス＝善」と認めたわけです。つまり「生殖」としてのセックスだけ「あり」にしたわけで、「快楽」としてのセックスは、依然として「悪」であり続けた。だからこそ、正式な結婚を経ていないセックスは処罰の対象になりますし、「生殖」を前提としない同性愛も「悪」とされたのです。そうした彼らの思考法を取り入れた近代日本もまた、その価値観に後から染まったというのが正しい見方と言えるでしょう。

いずれにせよ明治維新以来、日本人は「結婚観」「恋愛観」「家族観」を西欧諸国から輸入してきました。夫婦で姓を同じにするのも同様です。現在私たちが〝伝統的〟と呼ぶこうした結婚観は、ゆえに日本古来のものでも、正統なものでも何でもない。わずか１４０年足らずの伝統しかない輸入文化だと言うことができるのです。

結婚はイエのもの、恋愛は個人のもの

1868年、時代は江戸から明治へと移行しました。江戸時代まで連綿と受け継がれてきた伝統・文化・慣習は、「前時代的な旧弊な価値観」として排除され、代わりに採用されたのが、ドイツやフランス・アメリカなどの「新しい西欧的価値観」と国家の仕組みでした。

「結婚」も例外ではありません。国力の基盤として大切な要素である国民を生み育てる家庭生活においても、国は新たな仕組みを導入し、従来の緩やかな一夫多妻を廃し、「一夫一婦」制を採用したのです。

同時に、西欧の文化も流入してきました。男女の熱い恋愛模様が描かれる西欧文学が日本語に翻訳され、知的エリート層が海外に留学する中で、従来型の「親が決めた取り決め結婚」以外の純粋なる恋愛、いわゆる「自由恋愛結婚」の価値観が日本に流入してきたのです。恋愛をテーマとする小説が、森鷗外や夏目漱石をはじめとするエリート文豪の手で描かれるようになり、若者の心をつかんでいきました。この二人は、伝統的日本と西欧文

化の間の矛盾を描いたわけです。

ただし、こうした新しい概念は、当初はまだ一部の恵まれたインテリ層だけのもの。戦前までの前近代日本は、依然として厳密な階級社会です。身分の差を乗り越えて男女が恋愛することはまだしも、「結婚」となると、極めて非現実的でした。「結婚」＝「家（イエ）」を維持するものであり、当人同士の意思や感情以上に、家長の意向が絶対だったからです。

その背景には、産業的なバックグラウンドもあります。明治・大正時代の日本経済は、いまだ家族経営が中心でした。農業も、商業も、サービス業も、基本的にそれを家業とする家と、その家族が継承してきたもの。「文明開化」で、新しい職業もどんどん生まれ、特に大衆文化が花開いた大正時代には、都心で働く勤め人や職業婦人（エレベーターガールや路面電車の切符切り）なども誕生しました。銀行や企業、百貨店や鉄道事業など現代に続く産業も花開き、「モダンガール」「モダンボーイ」なる言葉も誕生していったのです。

しかし、それもまだまだごく一部の都市部でのこと。地方の農家や商家などでは、依然として家族経営の業態が一般的で、そうした経済社会では、親の職業を子が継ぐことがほとんどでした。その家に生まれた人間が、家業を支える構成員として成長し、「結婚」後は血縁でつながる「家族」を生み育てる責任があると考えられていたのです。「結婚」は、そのシステムを支えるための重要な一要素。長男が嫁を取り後継者の男子を産むか、あるいは男子がいない場合は、長女に婿を取るか養子を取る。この「長子単独相続」を維持するための仕組みこそが、「結婚」という制度だったのです。

だからこそ当時の明治民法には、明確にこう記されています。

「家族カ婚姻又ハ養子縁組ヲ為スニハ戸主ノ同意ヲ得ルコトヲ要ス」と。

つまり、跡取りと目される者は「戸主の同意」を得ないと結婚はできず、結婚後も、仮に当人同士が結婚生活を続けたくても、戸主が強制的に「離婚」させることすら可能でした。

一方、長子でなければ、法律的にはかなりの自由が認められるようになりました。男性は30歳から、女性は25歳から、親の同意なくして自由に結婚相手を選べるようになりましたし、「居住・移転の自由」や「職業選択の自由」も生まれました。

しかし、繰り返しますが、当時は厳密な階級社会です。華族など上流〜中流階級出身の男性が、一般庶民の女性と「恋愛」することはあっても、「結婚」することはめったにありませんでした。本妻には自分にふさわしい階級の人を選び、恋愛相手は第二夫人として、妾として養うのが通例。つまり、法律的には「一夫一婦制」でも、内実は「一夫多妻」が暗黙の了解。それが戦前日本の「結婚観」「家庭観」だったのです。

このように、**戦前の日本社会を見ると、今の多様性とは全く意味が逆ですが、家族形態は多様だったとも言える**のです。キリスト教のため離婚が難しかった欧米と比較して、当時の離婚率は先進国の中で最高レベルでした。そして、婚外子（結婚していない女性から生まれた子ども）の率は明治時代には約10％（今は2％）、これは、富裕層男性の多くが実質上の第二夫人を持っていたからです。

結婚と恋愛が個人のものへ

では、現代の私たちが考える「結婚観」が生じてきたのはいつからか。

それは、第二次世界大戦後から高度経済成長期にかけての近代社会においてです。

戦後、日本国憲法が誕生し、「婚姻は、両性の合意のみに基いて成立」することが定められました。成人した男女であれば「結婚」に際し、親の承諾は一切要らなくなったのです（もちろん、個別の事例は異なります。法律的にはOKでも、依然として「この結婚は認めん！」と親が言うケースはありましたし、今でも多いです）。

これまで「結婚」を決めてきた主導権が、「イエ（両親・親族）」から、「個人（当事者）」へと移行した結果、「嫁を取る」「婿に入る」という言葉や概念も、人々の意識から徐々に薄れていきました。

その背景には、戦後アメリカのGHQ主導で行われた「財閥解体」「農地改革」「労働組合の結成」なども関係していました。戦前の結婚が、イエを維持するためのものだったとすれば、「財閥解体」「農地改革」は、その守るべきイエの多くを消滅させました。華族、豪農など、富と守るべき伝統を背負ってきたイエが崩壊していく傍らで、大量に増えていったのが企業従事者、いわゆるサラリーマンです。

わずかな農地を継ぐのは長男のみで、次男以降は地元に残っていても食べていくことが難しい。それより建設ラッシュに沸く都市部に出れば、働く場所はいくらでもあります。中学を卒業して集団就職で都市部の工場に働きに出る大勢の若者たちもいれば、高卒や大卒で企業に勤め、ホワイトカラーとなる層も大量に生まれました。

このように経済の高度成長期には、多くの若者が実家から離れ、都市部で一人暮らしを始めたことで、「結婚」は新たな意味を持ち始めます。一人暮らしの侘しさや経済的不安定さに、「結婚」は確かな安心と経済的メリットをもたらしました。一人暮らしよりは、二人暮らしの方が、精神的にも経済的にも余裕が出るからです。四畳半一間で、風呂トイレ共有の木造アパートに一人暮らしをしていた男性、あるいは自由度の少ない寮生活をしていた女性は、「結婚」することで、自由な暮らしを手に入れることができました。お互い貧しくとも結婚すれば、規模の効果が生まれ、多少なりともゆとりが出ます。小さいながらも賃貸アパートを借りることもできるでしょう。夫が大きな会社勤めなら社宅に入れましたし、抽選で当たれば、憧れの公団住宅に入れるかもしれません。すなわち当時の「結婚」は、「生活水準の向上」と直結していたのです。

こうして子どもたち世代が、自分の食いぶちを自ら稼ぐようになれば、必然的に、親の影響力も低下していきます。「この子を嫁に迎えろ」「子どもが生まれないなら離婚しろ」と**親が決めてきた結婚生活の判断が、「個人」の選択と自由に委ねられる**ようになっていったのです。

文化面での追い風もありました。戦後大量に輸入された欧米の映画やテレビドラマ、文学作品では、自らの自由意志で恋をして、愛を育（はぐく）み、楽しい家庭を築く人々の姿、青春の謳歌が描かれていました。欧米的「自由恋愛」、自由な生活設計に憧れる若者を大量に生み出していったのです。

「親に決められた相手と結婚するなどもう古い」「私たちは自分自身の人生を歩むべきだ」という新しい価値観は、「イエのために結婚する」旧弊の価値観を瞬く間に駆逐（くちく）していきました。

決定打となったのが、世紀のイベント、皇太子（現・上皇陛下）のご成婚でした。19

59年、華々しく執り行われた当時の皇太子殿下と、正田美智子さん（現・上皇后陛下）のご成婚の様子は、折しも家庭にテレビが普及していくきっかけにもなり、国中の人々がその様子を画面越しに見守りました。それは「テニスコートの恋」とコピーが付けられ、「自由恋愛」の象徴として報道されました。本来、イエを守り抜く立場の象徴とされる方ですら自由に恋愛結婚を選んだこと。それは若者の心を捉え、日本に「恋愛結婚」を定着させる動因となりました。

「皆婚」社会が生まれたワケ

明治・大正・戦前までの「結婚」がイエを守るものだったとすれば、戦後の「結婚」には何のインセンティブ（動機）があったのでしょう。もちろん大前提として、「好き合う人と共に生活を始める」というロマンティックなものはあるとしても、それ以外には、現実的にどのようなメリットが「結婚」にはあったのか。逆に言えば、現代の日本人はそのメリットを感じられないからこそ、「結婚」に踏み切れない人が続出しているとも推察できるのです。

はたしてそれは、何なのか。
一言で言えば、「今よりも生活が良くなる」期待感と安心感でした。

戦後から高度経済成長期に青春期を送った若者たち、いわゆる団塊の世代は、経済の高成長を我が身の成長と同スピードで感じることができた世代です。戦後の何もない状態から人生を切り拓いた人々にとって、大抵のことは戦時中より、あるいは終戦直後よりは「マシ」なわけです。少なくとももはや爆撃におびえることもないし、徴兵されることもない。自由な思想を持っても憲兵に追われることもなく、バラック生活から徐々に普通の建物での生活を送れるようになっていきました。焼け野原の日本は建設ラッシュに沸き、集団就職で都会に出た若者たちにも仕事は十分にありました。

小学校や中学校しか出ていない若者でも、工場や建設現場での仕事は溢れるほどありました。高校や専門学校を卒業していれば、技術者や営業職として雇われることも可能だったでしょう。大学を卒業した高学歴な若者ならば、成長を続ける企業でホワイトカラー層として、出世コースを歩むこともできました。ただ、将来希望のある職に就けたのは、主に男性でしたが。

　実際、１９５７年から73年にかけて、日本は年平均10％以上の経済成長を達成しています。せいぜい１％程度、時にはマイナス成長で停滞している現在からは、とても信じられない数字で、高度経済成長期の日本は、失業率も１％台でした（オイルショック時は３％、バブル経済時は２％、２０２２年の失業率は３・２７％）。しかも男性であれば毎年給料も上がるし、ボーナスは数カ月分も出る。それであれば、男性ひとりの収入でも、家電製品はもちろん、マイカーもマイホームも勤め人を続けていれば手に入れられるはずです。

　大切なのは、当時、経済成長の恩恵を手に入れられるのは、社会の上層部だけではなかったという点です。高学歴・高所得者だけでなく、低学歴・低所得者層であっても、むろん給与やボーナスとしてもらう額面や待遇には差があったとしても、それなりに昇給・昇進が約束されていた時代でした。要するに、**真面目に働いてさえいれば、ほとんど皆が、「今日よりは明日、明日よりは明後日の方が、生活は良くなる」実感を得られた**のです。

　当時は「パラサイト・シングル」や「フリーター」「ニート」などの言葉も概念も存在

図1-1　男女別・50歳時の未婚割合の推移

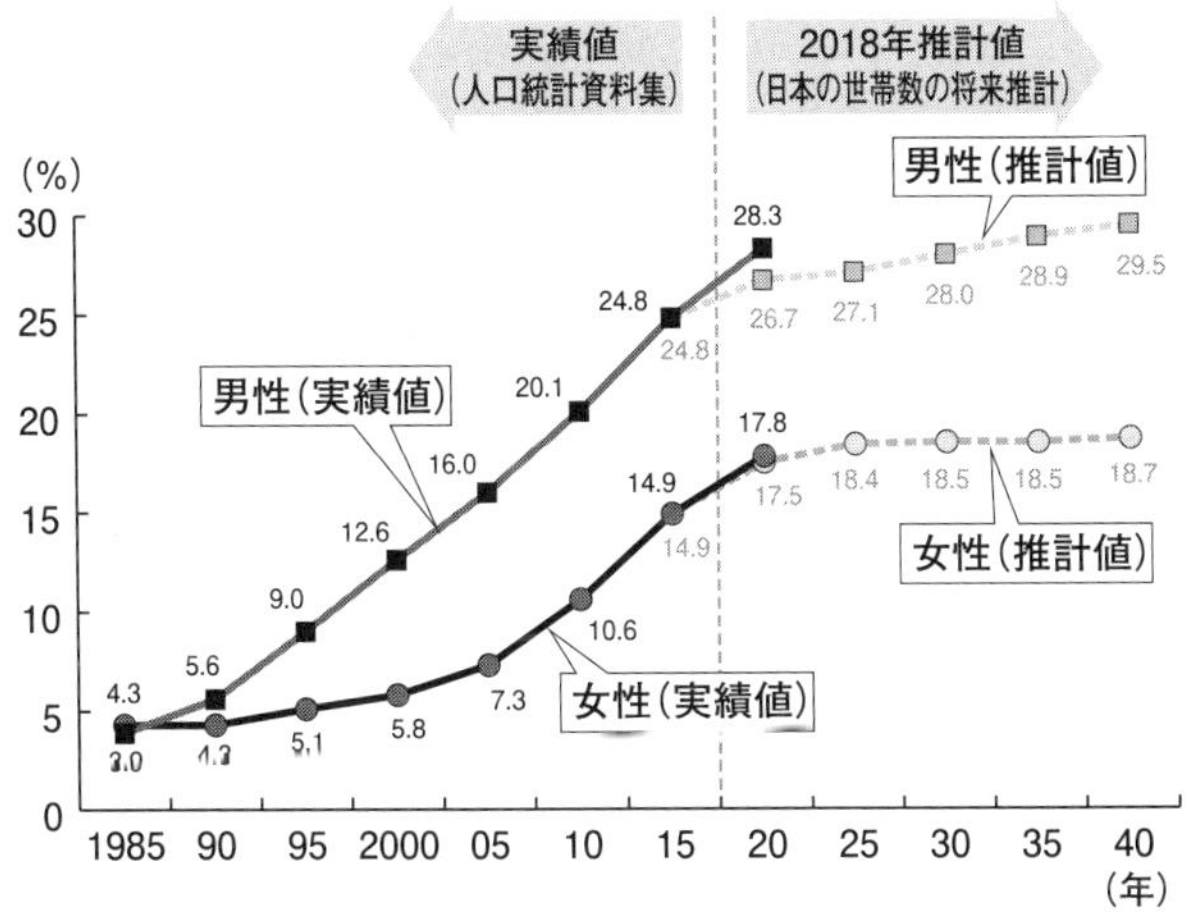

2020年までは「人工統計資料集」、2020年以降は「日本の世帯数の将来推計（2018年1月全国推計）」より、45〜49歳の未婚率と50〜54歳の未婚率の平均。［出所：厚生労働白書］

しませんでした。現代の都心部に住み個室があるひとりっ子、ふたりっ子なら実家にそのまま居続けるのも可能ですが、兄弟姉妹が多い時代、東京でも狭い家が多くて居場所はなく、田舎では次男・次女以降は、都会に出て寮生活かアパートで一人暮らしを余儀なくされました。当時の若者の平均きょうだい数は4人だったのです。今のような快適なマンション生活でもありません。ひとりで侘しい暮らしを続けるよりも、配偶者を見つけ結婚をした方が、生活の質が向上すると考えるのは至極当然のことなのです。

実際に、この時期は、基本的にほとんどの日本人が結婚する「皆婚」社会でした。1985年当時の50歳時点での生涯未婚率は、男性3・9%、女性4・3%でした。2020年の男性28・25%、女性17・85%と比べると、「結婚しない」人はごく少数派で、社会全体が「結婚」を前提に築かれていたことがわかります。

「個人化の時代」の誕生

当時、「皆婚」社会が可能だったのは、社会が「組織化」されていたからです。言い換えれば、現在、結婚を困難にしているのは、現代が「個人化の時代」だからとも言えます。

当時も今も、未婚の男女が全国に溢れている状況は同じでも、昨今の若者が「個人化」「自由化」の結果、組織から切り離され、個別に人生を送るようになったことが大きな違いです。現代は、日中は学校や職場にいても、終業後は自宅でひとりで過ごすことが可能になった時代です。自宅に限らず、ネットカフェや喫茶店、映画館やゲームセンターなど、ひとりで過ごせる場所には事欠きません。個人で過ごす時間は、コロナ禍期間でさらに増加しました。

仲間や同僚、上司と密に付き合い、飲みに行かなくても、あるいは地域コミュニティに溶け込まなくても、今の若者にはひとりで楽しめる娯楽が数多くあります。アパートの一室や自宅の部屋で、ひとりでオンライン動画視聴やゲームを楽しみ、情報はネットニュースで取得し、SNSで他者と緩やかに付き合うことが可能になった現代では、**「結婚」以前の「恋愛」にたどり着く出会いの機会自体が減少している**のです（だからこそ、わざわざ腰を上げて「婚活」しなければならないとも言えるでしょう）。

一方、高度経済成長期の若者たちは、「ひとりで過ごす」時間は今よりかなり少なかったはずです。地元で過ごす若者たちは、家族や親族、地元の同窓生グループ、青年団などで常に集団の中のひとりとして存在していましたし、年頃になれば地域の世話役や先輩、親戚なりがふさわしい相手をみつくろい、「見合い」という形で結婚を斡旋（あっせん）してくれたものです。

地方から都会に出てきた若者たちもまた、男性も女性も就職先の企業や工場で労働組合に加入したり、自営業なら業界組合の青年部などに属したり、何かしらの組織の一員になりました。いわば、人々と知り合う機会、異性に出会えるチャンス、恋愛から結婚に至るプロセスを醸成できる環境が多く整っていたのです。

もちろん、良いことばかりではありませんでした。自ら積極的に「恋愛したい」「結婚したい」気持ちがなくても、「未婚で過ごす」選択肢がほぼない時代は、年頃になって未婚であれば、「変な人」扱いをされたりしかねません。「オールドミス」などの言葉も、現代の若者からすれば「大きなお世話」以前にコンプライアンス的にNGですが、「皆婚」社会では、「結婚しない」選択は、よほど強固な意志がない限りは難しかったのです。「年頃になったら人は皆結婚するもの」という同調圧力が、多くの男女を成婚に導いた事実は厳然としてあり、翻って言えば、「自分が生涯結婚できないかもしれない」不安も、現代の若者に比べてはるかに低かったと言えるでしょう。

そんな昭和の「皆婚」社会は、平成時代には結婚困難すなわち「難婚」社会へと姿を変えていきます。ほぼ皆が結婚していた時代から、「なかなか結婚できない」時代に、日本社会は変わっていったのです。

非正規雇用社会への変貌

生活を営むにはお金がかかります。住居費、光熱費、食費、娯楽費、税金。結婚すれば結婚費用に新居費、子どもができれば出産費用に育児費用、保育所代に教育費と、家計費はどんどん膨らんでいきます。それを賄えるだけの所得を、多くの日本人が獲得できなくなっている……。日本の未婚率の上昇と、出生率の低下は、極論すればこれに尽きるというのが私の考えです。

日本は「世間体」社会です。ある程度の生活を維持していないと、周りから、失敗者との烙印を押されてしまいます。好きな人と一緒になればそれだけで幸せ、とはいかないのです。

「結婚しても豊かになれない」「相手が望むだけの収入を得られない」「自分が望む収入を得る相手を見つけられない」「子どもができても養育する経済環境を整えられない」。家族がまっとうに生活していけるだけの収入を、生涯にわたり確保することができなくなった時代。楽観的な見通しすら、抱けなくなった時代。その実感が、多くの人を「結婚」から遠ざけるようになりました。

要するに、「結婚」に対するメリットを感じることができなくなった、ということです。

しかしながらこのような指摘に対し、団塊の世代からは、「我々だってお金はなかったが、ローンを組んで必死に返済して何とか子を育て上げてきた」という声が上がります。もちろんその通りでしょう。彼らとて何の苦労もせずに、家族を養えたわけではありません。毎年「お金がない」と苦悩することもあったでしょうし、生活費ばかりでなく教育費だって無視することはできません。朝から晩まで残業続きで、何とか家族を養えたと定年後にほっと息をつく人も、少なくなかったはずです。

でも、その「ローン返済」が可能だったのは、今年より来年、来年より再来年は「給料がアップする」ことが大前提でした。1人の子どもが誕生から成人になるまでの20年間、少なくとも真面目に働けば、解雇はされない安心感が社会全体にあったからです。逆に言えば、今の若者はそうした実感、感覚、予測を持つことが非常に難しくなっているということです。

日本の経済状態はここ数十年間ずっと低迷してきました。世界第3位の経済大国としての面子をかろうじて維持してきましたが、２０２３年には、人口が3分の2のドイツに抜かれたようです。国民１人当たりのＧＤＰに至っては、順位は一気に世界第32位に落ちています（ＩＭＦ統計／２０２２年）。「平均年収」も、右肩上がりの先進諸国や新興国を横目に、日本はここ30年間ずっと横ばいです。

新自由主義経済の導入で、非正規雇用者も増えました。１９８９年には、すべての労働者の中で非正規雇用者が占める割合は19・１％でしたが、２０１９年には38・３％と約２倍になっています。

「失われた20年」または「失われた30年」という言葉がありますが、**「（男性なら）新卒で入社したら、後は頑張って働けば定年までは安泰」、「子を生み育て、成人するまで親の収入が安定している」という大前提が崩れた**のです。特別に「豊かに暮らしたい」わけではなく、せめて人並みの生活を一家で送りたい。そんな願いさえも、下手したら叶わない。来年、再来年、自分は無事に就労できているのか。非正規雇用者は、こうした不安に常に付きまとわれています。自分自身の人生もままならないのに、結婚して妻子を持とうとす

図1-2　世界の1人当たり名目GDP 国別ランキング
（2022年/IMF統計）

順位	国名	単位(US$)
1	ルクセンブルク	126,598
2	ノルウェー	105,826
3	アイルランド	103,311
4	スイス	93,657
5	カタール	83,521
6	シンガポール	82,808
7	米国	76,343
8	アイスランド	74,591
9	デンマーク	68,295
10	オーストラリア	64,814
31	イタリア	34,085
32	日本	33,854
33	アルバ	33,032

2022年の世界の１人当たり名目GDP 国際比較統計・ランキング。米ドルへの換算は各年の平均為替レートベース。［出所：INTERNATIONAL MONETARY FUND］

図1-3 各国の平均年収の推移（2000年を1とした場合）

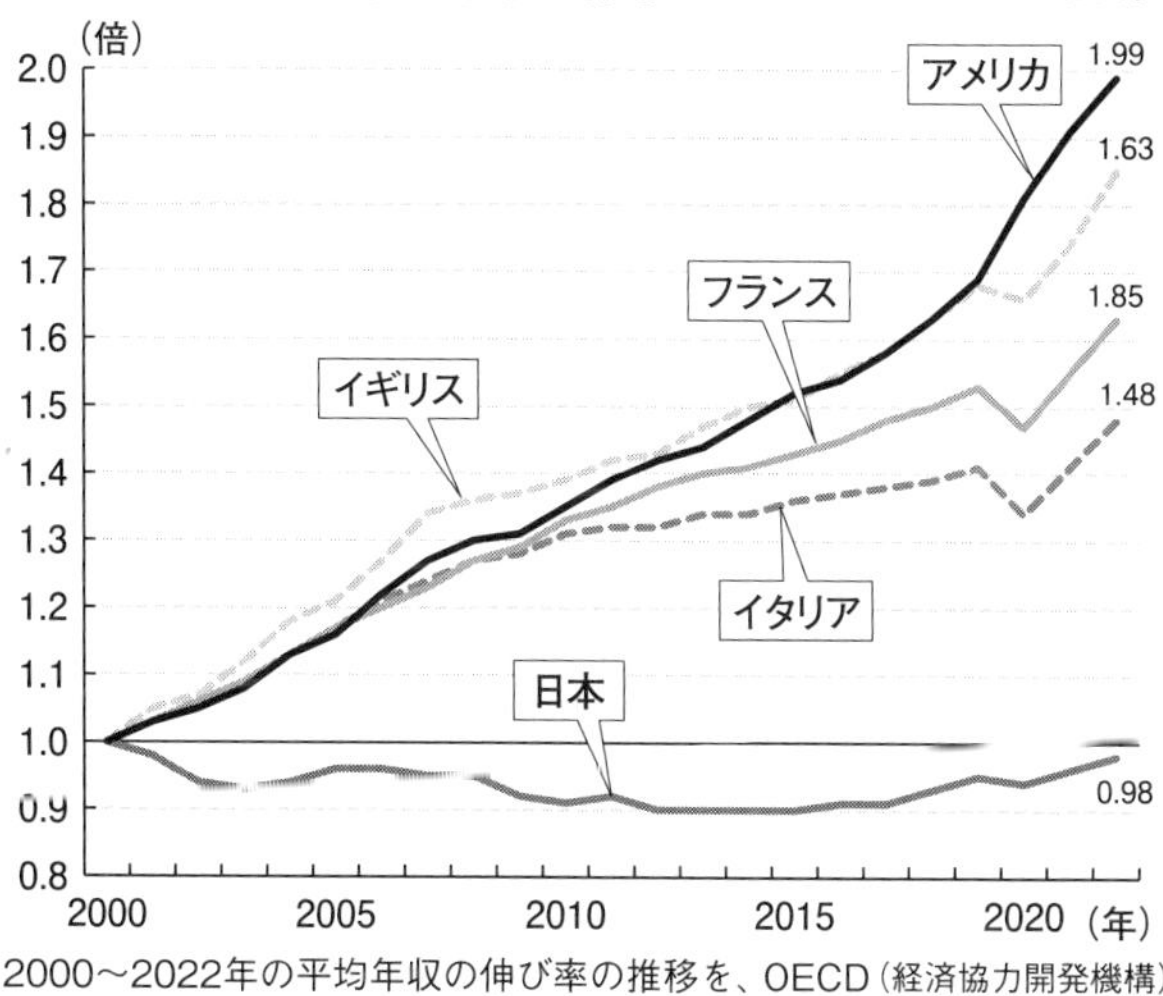

2000〜2022年の平均年収の伸び率の推移を、OECD（経済協力開発機構）のデータを元に編集部で作成。［出所：OECD Statistics］

る男性がどれほどいるでしょうか。

「皆婚」社会から「難婚」社会へ

「皆婚」社会は、「男皆正社員」社会と、二人三脚でした。男性が「働いて家族を養える」収入があるからこそ、多くの人が安心して「結婚」を望み、手に入れることができたのに、「働いても、家族を養えるほどの収入が得られない」経済状態では、「結婚」は難しくなります。雇用が安定している中間層が没落すること、つまり日本が非正規雇用社会へ移行したことで、「皆婚」社会もまた成

図1-4　正規雇用労働者と非正規雇用労働者の推移

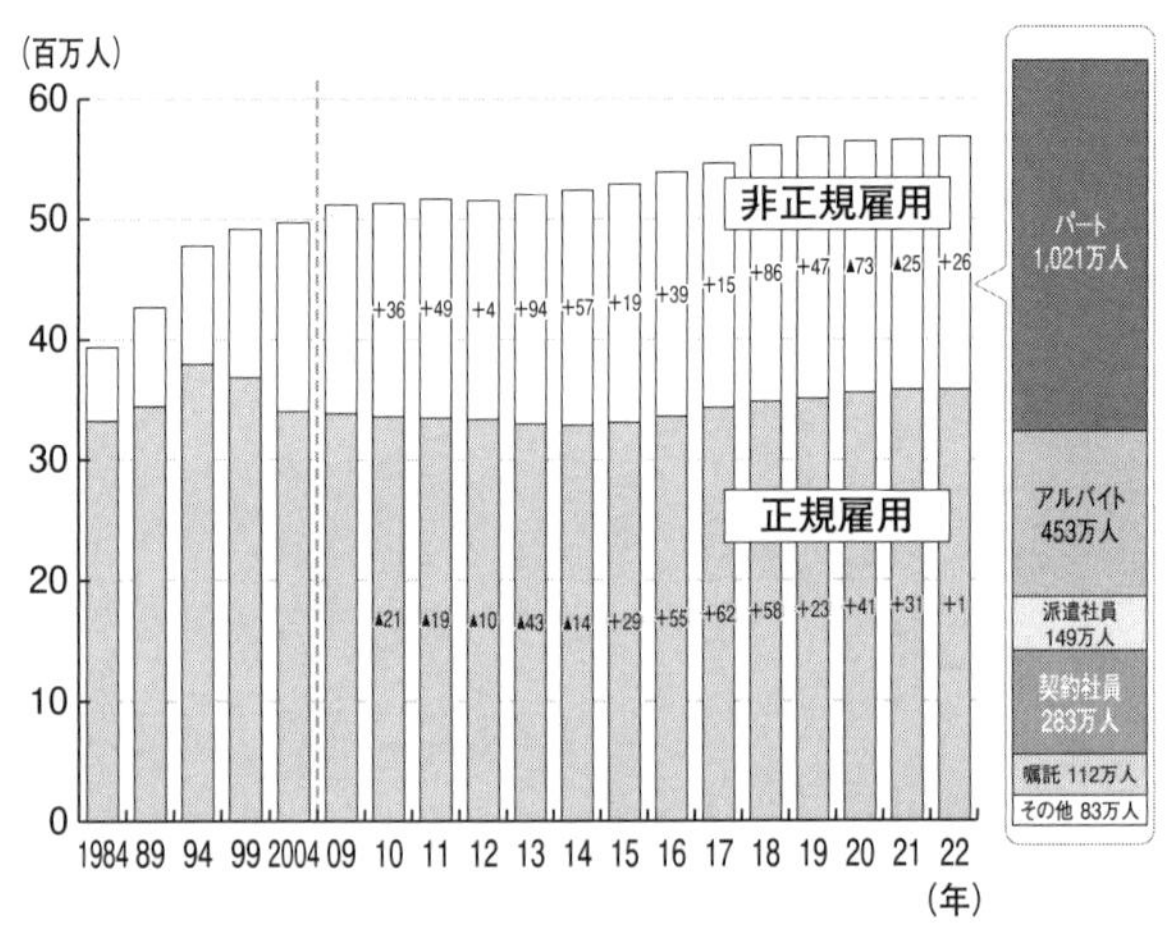

正規雇用労働者は、2015年から８年連続で増加。非正規雇用労働者は、2010年から増加。2020～2021年は減少し、2022年は増加している。
［出所：総務省統計局］

立不可能になってきたのです。3カ月契約、半年契約、1年契約でしか職を確保できない人が、どうして3年後、5年後、10年後の未来を安定的に予想できるでしょう。

しかも、「終身雇用制」は崩れているように見えるのに、「新卒一括採用」は崩れませんでした。大学卒業時が就職氷河期に重なってしまった2000年前後、日本には膨大な非正規雇用者が生まれました。間の悪いことに、彼らはちょうど人口の多い「団塊の世代ジュニア」でもありました。本来ならば、この世代が結婚適齢期になったら、大量に結婚し、大量に出産するはずでした。当時の未婚者の結婚希望率は、男女とも90％以上だったのです。少なくとも彼らが結婚し、それぞれ、2人ほどの子どもを生み育てていれば、日本の少子化はまだしもスピードを緩めることができたはずです。

ところが、彼らのかなりの部分が大学卒業時から10年を経ても、正社員になることは難しかったのです。非正規雇用は、その雇用形態が不安定なだけではなく、継続したキャリアアップが望めないという弱点とセットになっています。コールセンターで非正規雇用として採用された人は、1年後も3年後も同じ仕事をしていますし、事務職員として採用された派遣社員は、3年後も事務職員として変化のない仕事に従事し、任期が終わると別の会社に派遣され、またイチから同種の仕事をさせられるのです。コンビニやスーパーマーケット、居酒屋でサービス業に従事しているアルバイトも10円単位の昇給が精一杯、しかも勤続日数を重ねたところで正社員になれるわけでもありません。

新たなスキルアップをする機会を得られない非正規雇用者は、当然昇給とも昇進とも無縁です。日本社会が「格差社会」になったのは、このように昨年も今年も来年も、上昇していくことができない非正規雇用者を大量に生み出したことに、原因の一つがあるのです。彼らは、ちょうど1997年に私が「パラサイト・シングル」と名付けた世代でもありました。当時、「成人しても、親と同居している独身者が1000万人」いる現実を知り、私は彼らを「寄生独身者」と称したのです。もちろん当事者たちからは、「寄生だなんて、好きでしているわけではない」「悪意あるネーミングだ」と反論も受けましたが、まさに「好きでしているわけではない」のが重要なポイントでした。

近代社会のセオリーに従えば、成人して学卒後は親元を離れ独立するのが当然で、ヨーロッパやアメリカでもそれが常識ですが、バブル崩壊後の日本では、経済的事情から独立できない若者を大量発生させてしまったところに、超少子高齢社会日本の最初の躓（つまず）きが隠されていました。

詳しいことは拙著『パラサイト・シングルの時代』『パラサイト社会のゆくえ——データで読み解く日本の家族』（共にちくま新書）をお読みいただくとして、要するに「**結婚し、子どもを複数生み育て、成人させるだけの経済的責任を負いかねる」若者が激増した**ことが、日本を「皆婚」社会から、「難婚」社会へと変えていったのです。

そして結婚不要社会へ

私はここ数年、大学の学生たちに、ある宿題を出しています。それは、「ご両親に、新社会人当時の話を聞いてきてください」というものです。首をかしげながら帰宅する学生たちですが、翌週、一様にびっくりしたような顔でインタビュー結果を報告してきます。

「お父さんは、就職活動など特にしなくても就職したらしいです」

「どうやって就職したのか、最後まで教えてくれませんでした」

「お母さんには、〝アッシー〟〝メッシー〟が何人もいたそうです。僕は、そんな言葉も初めて聞きました」

「会社から内定が出たら、豪華レストランに連れていかれてごちそう三昧だったらしいです」

「短大時代もOLやってた時も、授業や仕事が終わるとクラブでパラパラを踊ってたと言ってました。私（女子学生）はそんなところ、行ったこともないのに」

今の学生たちにしてみれば、そんな日本があったなんて信じられないでしょう。実際に彼らは、どこの龍宮城の話かとキツネにつままれたような印象でした。彼ら自身、自らの両親の体験談でありながらも実感を持てない様子で、「ふ〜ん」「すごいね……」くらいしか言えなかった様子が窺えます。ある意味、「昔はこんな苦労をしてね……」という戦中世代の話以上に、「昔はこんなに良かったんだよ」的な話も、比較の対象がなさすぎて実感に欠けるのです。

現在の大学生の親たちは、ぎりぎりバブル期に就職・就労をした世代が多いのです。かくいう私自身も、いわゆるバブル期に社会人となり大学勤務となりました。一般企業のような華やかな青春時代は送れませんでしたが、それでも当時の社会的熱狂、若者の持つパワー、一種異様な金銭感覚と狂乱めいた経済感覚は肌身で受け止めていました。

あれから30年が過ぎ、今の日本経済に当時の面影はありません。

現在の日本では、「子どもを四年制大学に進学させられる家庭」イコール「裕福な家庭」とは限りません。学生自身が一所懸命アルバイトをして、学費や一人暮らしの生活費を賄っていたり、奨学金を借りて社会人になると同時に返済し始めたりするケースも珍しくありません。そんな学生たちは、身近な先輩たちから就職のリアルを聞き出し、戦々恐々としています。「制度的に有給休暇はあるが、すべて取得することはできない」「一年中、超過勤務だらけ」「ブラックな企業でメンタルを病んだ」「どんなに頑張っても給料は上がらない」「むしろボーナスカット続きだ」など。今は学生の身分でも、「将来、定年まで働き続けて、家族を養うこと」はそれだけで非常にハードルの高いことだと敏感に察知しているのでしょう。

だからなのか、女子学生には「専業主婦」希望者がいまだ半数に及びます。先輩の話を聞いていて、「朝から夜まで働かされるのはつらい」という意見です。その一方、〝一家の大黒柱〟と目される側の男子学生は「理想とする結婚スタイル」として、「ダブルインカムが大前提」と語るケースが多くなったのが印象的でした。すでに20歳前後にして、男女の結婚観に大きな乖離(かいり)、すなわちミスマッチが生じていることが窺えます。これは30年前に起きていたミスマッチ、つまり「男性は妻に家庭に入ってほしいが、女性は子どもが生まれても働き続けたい」とは真逆のものでもあるのです。

しかし仮に、望み通りに「働く妻」を得られ、「ダブルインカム」になったところで、かつてのような可処分所得の多い裕福な夫婦、いわゆる「パワーカップル」になれるとは限りません。今や国民負担率が5割に迫る日本です。所得に占める税と社会保障負担を合わせた比率が「国民負担率」ですが、現在の学生が生まれた約20年前の2000年には35・6%だったのが、23年には46・8%になる見通しです。さらに上の祖父母世代に当たる1970年には24・3%だったことを考えると、その差は歴然としています。

所得の4分の1を税として納める国から、その半分が税金（プラス社会保険料）として徴収されてしまう時代へ。その結果生まれたのが「結婚不要社会」だった、というのが私の見立てです。「結婚は皆がするもの」から、「結婚が難しい社会」へ、そして**「結婚などそもそもしない方がリスクは少なく生活していける」社会へと、日本社会は変遷**していったのです。

いくら「結婚」は本人の自由意志とはいえ、社会全体の前提がここまで大きく変化してしまったことは、私たち中高年世代の責任とも言えるかもしれません。「結婚しない若者」を、「自分勝手」と評することはできないということです。

三世代にわたる変化なき結婚観

本章の最後に、もう一つの大きな問いに挑んでみましょう。

ここまで見てきた通り、同じ国に住みながら、祖父母世代と親世代、そして子ども世代で、経済的実感が大きく乖離してきたというのが日本社会の実態です。ならばなぜ、「結婚観」だけが、当時と比べ今なお変化なきまま継承され続けているのでしょうか。

バブル世代だった親たちには十分可能だった「結婚」のカタチ、あるいは高度経済成長期の祖父母世代たちだからこそ持てた「結婚」の価値観。それが二世代を超えた令和の時代に、半ば叶わぬ夢になりながらも、いまだに生き続けているのはいったいなぜなのか。

目に見える経済状況や社会制度がどれほど変わろうと、人々の内面に息づく価値観には、「イナーシャ（慣性）」が存在します。どれほど新しい時代を生きているように見えても、幼い頃に親がふともらした言葉、子に言い聞かせた言葉、「勉強して良い大学に行きなさいよ」「良いお嫁さんになりなさい」『男なんだからしっかり家族を守らないと」という言葉や無言のプレッシャーは、しっかりと個人の意識に根を張り続けます。

いかにバブルという派手な時代を生きた親世代とてそれは同様で、いくらワンレン・ボディコンで武装しようとも、昭和世代の親から「いずれは良き社会人・良き家庭人に」と刷り込まれた常識・価値観を簡単に捨て去ることはできないのです。

特に、家庭生活という人生の基盤においては、子は親の価値観を濃厚に受け継ぎます。子ども時代に「ピアノ・バレエ・習字」を習ってきた子どもは、長じて自分が家庭を持つ際にも、我が子に最低限、自分が享受してきた成育環境を与えたいと願うもの。「ピアノ・バレエ・(今は)英語くらいは習わせたい」し、むしろ当時以上に今は学歴社会、塾歴社会と呼ばれる時代です。周囲の家庭は、子どもを塾やサマースクールに行かせて習い事もさせているのに、自分の場合はそれができないと悟った瞬間、多くの人の心に動揺が走ります。自分が「当たり前」と実感してきた生活レベルを実現できないような「結婚」なら、しない方がマシ。そう考える人が増えたことは、決して不思議ではありません。

ましてや日本をはじめとするアジア圏は、「孟母三遷(もうぼさんせん)」という故事もあるように、子どもの教育や成長に対して、過大な熱心さと期待感、責任感を抱きます。西欧社会では、高校を卒業して20歳にもなれば、子は成人とみなされ独立させるのが普通ですが、日本の親は18歳の成人以降も、「我が子」として愛しみ、より良い大学、より良い就職、より良い結婚に本人が到達できるよう邁進します。

日本では子どもを1人、幼稚園から大学まで進学させるために、およそ1000万円のコストがかかると言われています。それも大学まで公立校の場合であり、すべて私立ならば、総額は軽く2000万円を超えます。もちろん私立受験のための塾の費用は数百万単位でさらに加算されます。今の日本で、この〝最低条件〟を用意できる家庭、それも複数子どもを持つ場合、我が子全員に調えられる経済力のある家庭はどれだけあるでしょうか。

社会の価値観、国の経済成長、企業の働き方、人類の長寿化、教育環境といったものがことごとく変化しているのに、その国を支える人々の「結婚観」「家庭観」が、変化もアップデートもしない日本。そこにこそ、「結婚不要社会」「超少子高齢社会」に日本が陥った原因が潜んでいます。

では、これからどうするか。繰り返しになりますが、「結婚・未婚・離婚」は極めて個人的な問題です。基本的に他人が当事者にコメントしたり、批判したりすべき問題ではありません。

ただ、人々が子を生み育てにくい社会に、国もしくは私たちが実際に関与していることは大いに問題です。**若い世代を取り巻く社会環境と、個々人が心で思い描く「結婚観」とに大きな齟齬（そご）やミスマッチが生じているならば、それを見極め解きほぐすことは必要**です。

「結婚とは何か？」

タブーをつくることなく、現実的な目線で真正面から捉え直す作業こそが、私たちに今改めて求められていることではないでしょうか。

次章からは、私たちを取り巻く「結婚観」とリアルな「結婚生活」の違い、それを最新の調査データを基に解き明かしていきましょう。

第2章

「結婚生活」には何が要りますか?

――日本の夫婦のリアル

隣の夫婦は何をする人ぞ

「不幸な家庭は皆それぞれ」というトルストイの一文を推し進めたような、「結婚のカタチは皆それぞれに多様である、それが幸福であっても、不幸であっても」というのが私の実感です。

「結婚」と言って、皆が想像すること。それは、いまだにオールドタイプな昭和的家庭像だということを前章で述べましたが、社会には実に多様な結婚のカタチが存在しています。ただし、他人がどんな夫婦関係を営んでいるのかを探る実質的な調査はなかなかありません。「共働きか、専業主婦か」「子どもがいるか、いないか」「親と同居しているか、していないか」「家事分担の比率は」「夫婦の学歴バランスは」などの調査は多数あれども、そのような外身ではなく中身、つまり二人がどのような生活を送っているかをリアルに探る調査は少ないのです。

例えば、世の中の夫婦は「どんな内容の会話をしているか」「夫婦で共に食事する頻度は」「余暇を共に過ごしているのか」「寝室は同室か」「セックスの回数は」「手をつないで歩くか」などなど。私生活を垣間見るような調査は、時にゴシップ的ではありますが、こうした**日常の細部を知ることなしに日本人の「結婚観」「家庭観」を語ることはできません。**

日本では現在、約３０００万組の夫婦がおり、ちょうど全人口の半数くらいが配偶者を持っている計算になります。「かつて結婚していた」人も含めれば、相当数がそれぞれの「結婚」を経験していることになります。ですが実際、彼（彼女）らがどのような結婚生活を営んでいるのかの詳細は、案外謎に包まれているのです。

もっとも２０００年以降はインターネットの発展により、他人の家庭生活の一端を垣間見ることが可能になってきました。しかし、例えばインスタグラムなどにアップされている生活は、当事者の主観でいかようにも演出することができます。本人がいかにキラキラした結婚生活を描こうとも、一方の配偶者から見た「リアル」は、それとは異なる光景かもしれません。ママ友コミュニティで盛り上がる話は、「夫を下げる」話題に終始するかもしれませんし、反対に他の女性の地位を下げるための巧妙な「マウンティング」かもしれません。

そもそもある年代より上の世代は、夫婦関係の内情をつまびらかに他者に話すことには抵抗感もあるでしょう。ドラマや小説、漫画などで描かれる「夫婦関係」も、現実を反映している部分もありますが、もとよりフィクションであり虚構が混じっています。

こうして考えてみると、「結婚（生活）」のリアルを第三者が窺い知ることは意外と難しく、せいぜい自分の両親や、近しい友人たち、それも片手で収まる程度の「夫婦関係」しか、内情はわからないでしょう。

「親密性調査」で結婚生活のリアルを探る

1970年代に、「ダブルベッド世代」という言葉が存在しました。和室が人々の生活空間から失われていき、代わりに洋室が増えていった時代です。西洋の映画やテレビドラマのブームも重なり、欧米風夫婦の生活スタイルに憧れる人も増えました。そこにベッドメーカーの広告戦略がヒットし、「ダブルベッド信仰」が世間に一斉に巻き起こったのです。家具会社の「新婚生活はダブルベッドから始まる」というイメージ戦略は成功し、当時大量に売りさばかれたダブルベッドたちは、今頃どうなっているのか……と、ふと私などは考えてしまいます。

そもそも20～30代の夫婦と、40～50代の夫婦、50～60代の夫婦では、就寝環境は異なるでしょうし、会話の頻度も違うはずです。

先にも述べましたが、欧米の生活文化では、カップル単位、家族単位で交流することが多いことから、多少なりとも「他人の芝生」の詳細が垣間見えるものです。しかし、そうした交流が少なく、他人の私生活は大っぴらに話題にすべきではないという遠慮深さが求められる日本文化では、他の家庭がどのように過ごしているか具体的に知る機会は多くありません。

そこで私は、夫婦の家庭生活における「パートナーの親密関係の変容に関する実証研究（以下、「親密性調査」）」を２０２３年２月に実施しました。コロナ禍という世界規模のパンデミックを経て、「夫婦の在り方」「家族の在り方」について多くの人が自問自答した時期にも重なり、リアルな結果が得られました。

調査対象者は、25歳から64歳までの総数１万３０５人。既婚者数６３２５人、独身者数

3980人となり、回答は調査会社のネットモニターを用いています。内訳は男性が5204人で、女性が5101人。さらに年齢別に分けると25〜34歳が2154人、35〜44歳が2607人、45〜54歳が3030人、55〜64歳が2514人という構成になります（日本学術振興会科学研究費による研究/研究代表者・山田昌弘 課題番号20H01581）。

この調査結果を詳細に述べると、それだけで一つの学術書になってしまいますので、本書では基本的な事例に絞り込んでお伝えしたいと思います。

まずは、家族形態です。「35歳以上で子どもがいる家庭」は、全体の8割強。その中で、「自分の親と同居している」が男性9％、女性5％、「配偶者の親と同居」も男性3％、女性6％であることがわかりました。つまり、「両親世帯と同居している三世代家族」という『サザエさん』的家族の在り方は、本当に少数派になったことがわかります。

では、核家族化した夫婦は、日頃どのような雰囲気で暮らしているのでしょう。

「一緒に楽しむ共通の趣味を持っている」という夫婦は、55〜64歳の男女共に4割強、25〜34歳では6割強という結果が出ました。案外、「趣味で結びついた夫婦」が多いことに気づかされます。調査からはわかりませんが、若い人は趣味が合う人を選んで結婚した人が多いと思われますし、年齢が高い夫婦は、結婚後どちらかの趣味に合わせたというケースが多いと思われます。逆に「趣味が重ならない」夫婦は、二人でいる時に楽しむことがあるのか、新たな興味がそそられるところです。

「毎日夕食を一緒に食べる」はどうか。こちらは、やはり働き盛りの中年世代（30〜40代）は4割から5割程度で、高齢世代（50〜60代）では6割程度と増えています。仕事で忙しい世代は、外食率も高まり、反対に定年退職が近づくシニア層になると、夫婦一緒に食事をする機会が増えるということでしょう。

ただ、注目すべきは「夕食を一緒に食べるのが、月に数回以下」の人たちが、全体で10％も存在することです。「一年で全くない」という人も3％存在します。母親であれば、夫と夕食を共にせずとも子どもと食べているケースも多いでしょう。ですが、それなら夫は1年365日、誰と食べているのでしょうか。ふと考えてしまいます。

食事といえば会話の時間です。「日常会話を毎日交わしている」夫婦は、全体の68％程度。一方、「週に数回程度」が21％、「月に数回以下」が8％もいるというのは、日本特有の夫婦像だと感じました。この項目もまた、ならば彼らは誰と日常会話を交わしているのか、気になるところです。しかも「週に数回程度しか夫婦で話さない」人が全体の3割近くになるのは、**夫婦とは親密なパートナーシップとは言い切れない現実の様相を示唆**しています。

休みの日に自宅で過ごす際、「夫婦で共に遊ぶ」割合を見てみましょう。

こちらもやはりというべきか、若い世代ほど多く、25～34歳の男性は36％という回答が出ています。先ほど「趣味」で結びついた夫婦も多いことが窺えましたから、同じ趣味のテーマでゲームや映画鑑賞などをしているのでしょうか。ただ、55～64歳になるとグッとその数値は下がり、男性14％、女性12％と、極めて低くなっています。60歳もしくは65歳で定年退職を迎え、自宅で過ごす人が増えてくる世代ですが、「夫婦で共に遊ぶ」が1割強しかいないとなると、老後の生活に少々不穏な空気が漂ってきそうです。同じ空間に存在しながら一緒に遊んでいない、または別々に時間を過ごしているということでしょうか。

余暇といえば旅行ですが、コロナ禍の影響がまだ残るとはいえ、「夫婦で旅行に行かない」ケースが全体の42％に上るのも、少々多い気がしました。もっとも55〜64歳夫婦になると、むしろ旅行の回数は増えるようです。中年期は家族旅行はなかなか時間もお金もかかるので頻度としては減少し、それに対して定年退職後は、時間とお金の余裕を投入する、そんなスタイルも見えてきます。周囲を見渡しても、日頃あまり仲が良いとは言えない夫婦も、たまに「一緒に旅行に行ってきた」という話も聞くので、無言ながら「旅行には行く」夫婦もかなりの割合で存在するのかもしれません。

夫婦の距離感の世代間リアル

意外に予想が外れたのが、「出かけるときに手をつながない」の62％（全体）でした。要するに、「手をつないで外を歩く夫婦」が4割弱になるということです。もっと少ないのではないかと想像していたので、少々驚きました。もっとも世代間の違いはあります。当然といえば当然ですが、高齢夫婦になるにつれ「手をつなぐ」夫婦は少なくなり、55〜64歳の夫婦は男性70％、女性77％が「手を全くつながない」と答えています（25〜34歳の男性は28％、女性は41％）。若い世代は、欧米的な親密度の高いスキンシップを当たり前にしているのと言えるのか、それとも恋愛気分がまだ残っているだけで、30年後は彼らもやはり、手をつながない夫婦になってしまうのか、気になるところです。

日本人は「愛情を言葉で表現するのが苦手だ」とよく言われますが、長年連れ添った夫婦となればさらにその傾向は強まるようです。「愛情を言葉で表現する」かどうかについて、「毎日」は8%、一方、「月に数回以下」は82%という結果になりました。「月に数回以下」をさらに掘り下げると、「愛情を言葉で表現することが全くない」が45%ですから、日常生活で「愛情」をどのように確認しているのか、という疑問が新たに湧いてきます。

言葉と同様に少ないのが「性関係」です。「毎日」は1%、「週に数回」が3%、「週に一回程度」が6%で、合計1割。残り9割は週一回もない。「セックスレス」にカウントされる「月一回未満」(28%)と「全くない」(41%)を合わせて7割という結果となりました。特に55〜64歳の高齢夫婦の「性関係が全くない」が男性51%、女性66%です。一方、25〜34歳でも男性10%、女性15%、35〜44歳では男性24%、女性33%が、「性関係が全くない」状態で、こちらは予想より多かったです。こうしてみると、**「結婚」しても、子どもが生まれるかどうかはまた別問題という現実を、少子化対策関係者もより意識すべき**ではないでしょうか。

言葉による愛情や、肉体的愛情に至る前に、そもそも相手に好意的感情を抱いて結婚生活を営んでいるかという疑問もあります。ネット空間では特に、配偶者に対する悪口が跋扈（ばっこ）しているのも事実です。

「相手にときめきやドキドキを感じますか」という問いに対し、「よくある」は4％、「時々ある」が14％、「たまにある」が29％で、「全くない」が53％という結果になりました。より詳細を見てみると、「よくある」で一番多かったのが、25～34歳の男性で11％でした。

反対に、「相手にときめきを全く感じない」トップは、55～64歳の女性で、74％という結果になりました。要するに若い世代は、パートナーに対してある程度ときめきやドキドキを感じやすいが、高齢夫婦（特に女性）は、好意よりも倦怠・嫌悪感の方を強く抱いているということです。ちなみに、「一緒にいるとイライラするか」の問いで、45～55歳の女性が「よくイライラする」「時々イライラする」を合わせて、40％に達していました。

肝心の「夫婦はどのように寝ているか」ですが、「同じベッドで寝ている」は全体の26％でした。「同室で布団は別」が36％、「違う部屋で寝ている」が36％という結果です。

しかし、世代別に見てみると、25～34歳の男性は「同じベッド」が53％と、ほぼ半数を占める反面、55～64歳の男性は18％でした。この世代の男性の3割は、「同じ部屋の別の布団」に寝ており、約5割は「違う部屋」に寝ているという結果が明らかになりました。「ダブルベッド信仰」世代も、長い月日の結婚生活の末、別々の空間で寝起きしているという結論は、少々寂しさを伴うものではありました。

多様化する結婚のカタチ

その他、「親密性調査」には膨大な項目があるわけですが、いずれにせよ見えてくるのは、かなり多様な結婚生活が日本に存在するという事実です。

高度経済成長期は、人々のライフコースには一定のロールモデルがありました。男性なら「大学進学して、大企業に就職して、数年後に結婚」、女性ならば「高卒か短大卒で入社して、2年くらいで寿退社」、結婚後は、「夫は主に仕事、妻は主に家事育児、子どもを2〜3人つくり、郊外に戸建て住宅を建て、マイカーを持ち、生活する」。男女共にロールモデル的家庭像を夢見て、実際、それを叶えた人も多かったはずです。

しかし、令和の今、そうしたステレオタイプの「結婚生活」「家庭生活」を送る人は少数派になりました。「親密性調査」を見ても、ある程度の傾向は存在するものの、その生活スタイル、内実は多様です。そこに浮かび上がってくるのは、「個人化の時代」というキーワードです。

かつて圧倒的多数だった「夫が働き、妻が専業主婦」の家庭は、1999年あたりで逆転し、2021年時点では、「専業主婦家庭」が458万組なのに対して、「夫婦共働き家庭」は、1177万組となっています（正規雇用同士が486万組、夫が正規雇用で妻が非正規雇用者は691万組)。

そんな中、家事育児を専業とする存在は妻ばかりではなく、夫となるケースも登場しています。20年ほど前は、「専業主夫」の妻は、教員か公務員かマスコミ関係者と相場は決まっていました(実際、私が聞き取り調査をした夫婦は、このどれかに当てはまっていたものです)。給与や立場が安定的で、継続して働けて育休なども取りやすい。世間的な偏見も少ない分野だったからでしょう。

しかし、今はその限りではありません。結婚当初は専業主婦だった妻がのちに働き始めたところ、収入が夫のそれを上回り、夫が専業主夫となったケース。妻の出産を契機に、夫が一時的に専業主夫となるケース。海外赴任が決まった妻についていくために、夫が会社を辞めて妻の扶養家族となり、現地で子どもたちを育てている……などのケースも散見されます。**男女による「役割分業形態」も、その内実は多様化している**ということです。

法律で認められた「結婚」以外の選択をするカップルも誕生しています。結婚式を挙げ、披露宴で互いをパートナーとして紹介しつつも、書面上の結婚はせず、事実婚として生活している〝夫婦〟もいます。

本来は同性同士のカップルをサポートする形で生まれた自治体のパートナーシップ条例ですが、異性同士で届け出る人も登場してきました（そのため、いくつかの自治体では、届け出を同性に限るという制限を設けています）。異性同士なので本人たちさえ望めば「結婚」は可能です。それでもあえて「パートナー」という結びつきを選ぶカップルは、事実婚の次なるステップとして現れた新しい選択肢の一つと言えるでしょう。実際、フランスでは、同性愛カップルのために設けられた「パクス（ＰＡＣＳ）」という制度がありますが、異性同士が利用するケースが増えたため、２０１３年に同性同士の結婚が法制化されてもなお、残り続けています。

昨今出てきたのが、「友情結婚」です。高橋一生さんと岸井ゆきのさん主演のドラマ『恋せぬふたり』（２０２２年）でも話題になりましたが、異性・同性問わず恋愛感情や性欲を抱かない「アロマンティック・アセクシュアル」が抱える事情は、なかなか世間から理解を得られません。家族や世間体のために「結婚」を偽装したり、恋愛感情や性的関係性抜きに、「誰かと暮らしたい」と願ったりする人もいるでしょう。そうなってくると、ますます「結婚とは何か」という大命題が生じてきますが、その論考はのちの章に譲ります。

「別居婚」も、その形態や理由が多様化しています。以前は「別居する」くらい夫婦仲が悪いことを示していましたが、現在はよりポジティブな理由から「別居婚」を選ぶ夫婦もいます。互いのプライベートをある程度守るために、結婚当初から「別居」がデフォルトの夫婦もいれば、やむを得ず「別居」という選択に至るケースもあります。私が以前インタビューした夫婦は、国際的に活躍する金融マンとアメリカで弁護士をしている日本人同士のご夫婦で、恋愛の末いざ結婚したものの、夫は世界中を飛び回る生活で、ほとんど同居経験もなく「結婚」を続けて子どもも育て上げていました。これはこれで、一つの「結婚」のカタチなのでしょう。

「個人化」されるあらゆる決断

比較的最近出てきた概念としては、「卒婚」もあります。結婚生活を営み、月日が経ち、恋愛感情も関係性も薄れてきた。しかし、だからといって、「離婚」や「別居」という選択肢も違う。表面上は「結婚」状態を維持しながらも、互いの拘束性を解消し、それぞれガールフレンドやボーイフレンドと恋愛しても構わないという形での「卒婚」です。

私の周囲でもチラホラ「卒婚」のワードが出始めていますし、人生相談ではこんなケースもありました。その男性は奥さんが浮気をし、浮気相手と別れる気がないので、いったんは「離婚」を話し合いましたが、まだ幼い子どものことを考え「離婚」は先送りにする決断をしたそうです。結果的に、「結婚」は解消しないものの、妻とその彼氏の交際を認め、子の成長を待つという結論に至ったそうです（読売新聞朝刊2022年8月19日付）。

もっとも両者が「卒婚」に完全同意しているならばいざ知らず、片方は悶々（もんもん）としながら、「自分も浮気をすればいいのか」と悩むのは少々痛々しいものがあります。

このように、「結婚」の内実は多様化してきており、夫婦（カップル・パートナー）が選べる「選択肢」が増えているのが今の時代です。言い換えれば、個々人が、極めて多様な人生の選択肢から、「自分の人生」を選び取らなくてはならなくなった時代だとも言えるのです。

大学（短大・高校）を卒業して、就職・結婚・家庭生活・定年退職・定年後の生活と、一種のベルトコンベアのような「人生」に流れていけばよかった時代から、進学も就職も結婚生活すらも多様になった時代へ。人々は常に「選び」続けなくてはならなくなりました。待っていても「結婚」は訪れず、積極的に友人に紹介を頼んだり、婚活パーティに参加したり、結婚相談所に登録しなくてはならなくなりました。

結婚後も、「寿退社して主婦業に専念」がデフォルトでなくなった以上、「子どもを持つのか（持たないのか）」「仕事は辞めるのか（辞めないのか）」「子どもは1人なのか（複数なのか）」「結婚生活を続けるのか（離婚するのか）」など、人生の各ステージで常に「選択」が待ち構えており、自分の意思で選び取らなくてはならなくなったのです。

これを「個人化の時代」と定義することができます。

「個人化」とは、人々の個人主義が極まった、ワガママな状態とは異なります。社会学で言うところの「個人化」とは、あらゆる物事（結婚するかしないか、離婚するかしないか、卒婚するかしないかなど）について、「選択が個人に委ねられた状態」のことです。

地域コミュニティや親戚が「あなたはこの人と結婚しなさい」と強制したりする（ある

いは、勧めてくれる）こともなく、結婚しようが、未婚だろうが、離婚しようが、社会的サンクション（制裁）が下りるわけではない。**あらゆることが「個人の意思」に委ねられた結果、人々は「自分で選ばなくてはならない」状態**に恒常的に晒されるようになったのです。それは一見、喜ばしいことのように思えますが、実はかなりの心的ストレスを生じさせることも明らかになっています。

例えば、自分が同性愛者であることをカミングアウトするかしないかも、現代社会では「個人の選択」に委ねられます。半世紀ほど前は、欧米では「病気」や「犯罪」として取り締まる状況もあったので、「隠し通す」面がありました。しかし今は、そうした性的マイノリティに関するすべてのことも、決定や判断、選択肢は「個人の自由」に委ねられています。葛藤する心のうちを、誰に、どこまで、どんな手段で、どんなタイミングで告知するか、個々人が悩み、一つひとつ決断を下す必要が生じています。

同様に、半世紀前は「男は仕事、女は家事育児」が基本形で、多くの人、特に男性は悩む必要もなかった「結婚生活」も、今は「専業主婦（夫）か、パートやアルバイトで働くか、正規雇用で働くか」など、多様な選択肢が考えられます。それはつまり、夫と妻で、両親と義理の両親で、親戚や友人とで、それぞれ思い描く「結婚後の生活」に大きな齟齬が生じやすく、トラブルや諍いも生まれやすくなったと言えるのです。夫の側は「妻は結婚したら家庭に入り専業主婦になるのが当然」と思っているのに、妻は「女性も一人前に働くのが当然」と考えているかもしれません（最近は、逆のケースが増えているようですが）。夫の両親は「嫁が介護をするのが当然」と思っているが、妻の両親は、「老後は介護施設が妥当」と思っているかもしれないのです。「正解」が一つではなくなった時代、人々は常に「取捨選択」を迫られ、「周囲とのすり合わせ」や「自分の納得感」に対して、努力が求められるようになりました。

そうした現代に生まれ育った世代を、私は**「個人化ネイティブ世代」**と名付けています。

揺らぐ結婚の定義

「結婚（生活）」が多様化してきた背景には、インターネット社会の発展もあります。かつてなら、同性愛の人が恋愛相手を探すのは相当な手間暇がかかったものです。ある特定の人々が集う場や環境に行かなければ、恋愛対象者も見つけられません。それは「友情結婚」や「卒婚」なども同じです。そうした情報が外から入手可能になったからこそ、名前が付き、人々が選択できる（選択しなければいけない）ようになってきたのです。

これまでの社会では、人は自分の生きている半径数百メートルの関係性から、「結婚」「家庭」「子育て」に関する情報の多くを取得し、その価値観に大きな影響を受けてきました。

「親戚の○○お姉ちゃんは24歳で結婚したから私も、それくらいで結婚するのが妥当」「近所の△△お兄ちゃんは高卒で就職し、5年後にお見合い結婚したから、自分もそういう風になるのかな」といった周囲の人々の経験や価値観から導き出されるロールモデルと、自分の思い描く結婚観に大きな違いがなければ、問題は起こりません。先達（せんだつ）である彼らを見習い、自分も同様の「結婚」を目指せばいいわけですから。

しかし、そうでない場合は、なかなかつらい状況が発生します。

周囲が全員異性愛者（と見える状況）なのに、自分が同性愛者であると自覚していたり、周囲が「恋愛から結婚」を当然のものとしているのに、自分だけはその価値観に同意できなかったり。コミュニティの中に、自分と同じ性的指向や悩みを持つ人がいなければ、その人は孤立し、悩み、苦悩し、心を病んでいくかもしれません。それは「自分らしい選択をできない」孤独感でもあるでしょう。

ネット社会はその制限に風穴を開け、空間を飛び越えて、より多様な情報を取得する手段、人々が出会う機会を増幅させました。自分の生きるコミュニティとは異なる価値観もこの世にあるのを知ることができ、さらには同じ価値観を持つ人と出会い、コミュニケーションすることで救われた人も多かったはずです。その意味では、ネット社会は人々を救う可能性もあるわけで、今後さらに「結婚」の形が多様化していく可能性も十分にあります。

実際、**「結婚」の概念はますます広がりを見せ、「選択」もより多様化**しています。

例えば「AI搭載ロボットとの結婚」を「した」と公言している人々がいます。初音ミクなどバーチャルキャラクターと結婚したと主張する人々もいます。そうしたキャラクターは家事をしません。稼ぎません。一緒に手をつないで散歩をし、外食をすることもありません（将来は、犬のように一緒に散歩する時代がくるかもしれませんが）。当然、子どももできないし、子育てもありません。しかし、本人は相手（人形やロボット）を非常に大切に思い、一緒に過ごすことで元気が出て、親密性を感じている。これを「愛」ではない、「結婚」ではないと断言することはできるのでしょうか。

会社から帰って「あ〜、疲れた」と言っても、妻に無視し続けられるなら、むしろ「大変だったわね」とAIロボットが応えてくれる方が、「明日も頑張ろう」と思えるかもしれません。夫との親密性が失われ、日々寂しさを感じている妻が、AIに慰められることや、あるいはアイドルに癒やされることだってあるでしょう。

そうなると、いよいよ「愛とは何か」「結婚とは何か」「親密性とは何か」という疑問が生まれてきます。

世の中には、複数同士が恋愛する「ポリアモリー（複数恋愛）」も存在します。一夫多妻や、一妻多夫は、あくまで1人の男性（女性）が、複数の女性（男性）と交わる関係性ですが、「ポリアモリー」は3人なり4人なり、関係する複数人が全員と親しく接する関係性と言われています。日本でも「ポリアモリー」を実践している人はいますし、アメリカでは「3人以上での関係も法的に保護してほしい」とする訴訟も起きています。

もし「結婚」が、「愛情が介在する恒常的な関係性」と定義することができるならば、「ポリアモリー」同士での結婚、AIロボットとの結婚を望む人たちに対して、一概に否定することはできないのではないでしょうか。

「フキハラ」をするのは夫か妻か

様々な「愛」の形があるならば、多様な「結婚」の形があってしかるべきと考える人々がいる一方で、「結婚」に伴う「不幸」の様相も、日本では多様化しています。おそらくどんな時代でも「結婚（生活）」に対する不満や不幸、悲しみや怒りは存在したはずですが、それがネーミングされるほど事例が増えているのが、現在の日本社会の特徴です。

結婚生活を送りながら不仲で没交渉状態であることを「家庭内別居」「家庭内離婚」と

呼ぶようになったのは1990年代からでした。「DV（ドメスティックバイオレンス）」は、その名が付かない前近代でも存在しましたが、「働かない夫」や「ダメンズ」「家事育児をしない妻」などと共に、人生相談で取り上げられることが増えてきました。

最近、注目を集めるのは「フキハフ（不機嫌ハラスメント）」です。初めて耳にした時は「フキノトウか？」と思いましたが、違いました。配偶者が一方的に不機嫌になることで、結婚生活が良好に維持できない状況を指す言葉だそうです（「婚活」という言葉をつくった時も、「え、トンカツ」と聞き間違えられたことも多々ありましたが）。

もちろん昔から陽気な人もいれば、ネガティブな人もいて、自分の意のままにならない時にすぐ怒る男性など、特に昭和の「ガンコおやじ」と呼ばれる層に大勢いたと思いますが、それが度を越すと「ハラスメント」になる時代になったということです。

「DV」との違いは、必ずしも相手に身体的暴力を振るうとは限らないこと。「モラハラ」との違いは、相手の人格をことごとく否定するほどの、言動の暴力性はないこと。

ただし、些細なことですぐに不機嫌になり、一週間口をきかない、モノに当たるなどの状態が続けば、配偶者は非常な心的ストレスを感じます。さらにはその事態を解消するために（あるいはその事態を繰り返さないために）常に自分が謝ったり、相手の機嫌を取り続けたりしなくてはならないのが共通項のようです。恒常的、かつ一方的に不機嫌をぶつけられる妻（あるいは夫）は、相手の機嫌を取るために、本来しなくてもいいはずの「感情労働」をさせられている、というわけです。

実際、フキハラはその名が付くずっと以前から、日本の家庭生活ではよく見られた現象でした。それについては「妻が耐えるべきこと」「妻の美徳」と捉えられがちだった昭和の時代に比べ、「本来、異常なこと」「夫婦とはいえ、男女は平等のはずだから、一方が我慢し続けるのは正常の状態ではない」と人々が考えるようになったわけです。

ところが一歩進んで最近気づいたのは、決して「妻（女性）だけが耐え忍んでいるわけではない」ということです。一般的にフキハラのイメージは、「イライラして不機嫌になる夫」と、それに「耐え忍ぶ妻」という構図です。ドラマや漫画でもよく描かれていますし、SNS上でも人生相談の欄でも、こうした悩みは決して少なくありません。社会学でフキハラを研究している大阪大学大学院生の岡田玖美子（くみこ）さんも、分析の中心は夫から妻へのフキハラです。

しかし、先ほどの「親密性調査」でフキハラの項目を訊いてみたところ、**フキハラをしているのは夫（男性）側だけではなく、妻（女性）側にも多い実態がわかってきた**のです。

「相手が不機嫌になった時、自分が謝ったり、ご機嫌をとったりする」と答えたのは、25～34歳の夫（男）が最多で、43％でした。一方、一般的にフキハラの被害者と目されがちな55～64歳の妻（女性）で「謝る」人は、わずか7％だったのです。そして55～64歳の妻の27％が「自分も不機嫌になる」と答えており、44％は「放っておく」と答えていました。

次ページの表を見る限り、自分も不機嫌になる割合は夫より妻が多く、年齢による差はあまりない。配偶者が不機嫌になった時の対応は、若年であるほど、そして妻より夫の方が謝ったりご機嫌を取る、つまり感情労働をする割合が高いことがわかります。よく、「夫婦喧嘩で、夫が謝る方が波風が立たない」と言われることがありますが、それを裏付けるデータでしょう。

ここから導き出される結論は二つです。一つ目は、世間で言われているほど、「不機嫌で強い夫」と、「それに耐える弱い妻」という構図は少ないのではないかということです。

Q. 相手が不機嫌になった時にどうしますか

A. ①自分が謝ったり、ご機嫌をとったりする
A. ②相手の機嫌が直るまで放っておく
A. ③自分も不機嫌になる
A. ④相手が不機嫌になることはめったにない

(%)

	①	②	③	④
25～34歳男性	43	31	15	10
35～44歳男性	32	42	18	9
45～54歳男性	24	45	17	14
55～64歳男性	22	49	17	12
25～34歳女性	14	37	23	26
35～44歳女性	11	37	27	25
45～54歳女性	7	44	27	22
55～64歳女性	7	44	27	22

実際には「不機嫌で、イライラを振りまく妻」と、「それに耐える夫」という関係性が、世の中には大いに存在しているということです。だからといって、家庭では妻の方が権力があるとは言えません。夫に対して抵抗する数少ない手段が「不機嫌になること」だという場合もあるからです。

もう一つは、「声の大きい者勝ち」という現実です。ママ友コミュニティでも、ネット空間でも、新聞のお悩み相談欄でも、フキハラを訴えるのは、圧倒的に女性が多いのです。

それはどうしてなのか。

一般的に男性は、家庭の悩みをあまり外には出しません。男性コミュニティで、妻の悪

口で盛り上がるという場面には遭遇したことがありませんし、愚痴をどこかで発散するということもほとんどありません。これは男性の方が人格的に優れているからではなく、男女のコミュニティ形成の在り方の違いです。その場にいる同性と、配偶者の愚痴や悪口で連帯感や共通意識を持てるのは、共感能力の高い女性である場合が多いのです。

一方、男性は共感社会というよりも競争社会に生きており、常に社会的立場や縄張り意識を敏感に察知しながら、自分の立ち位置を確認している生き物です。そこで自分の結婚相手を不必要に貶めることは、妻の立場のみならず、配偶者である自分のポジションをも下落させる行為です。プライドや世間体もあるのでしょう。結果的に、妻の悪口は言わない（言えない）夫も多く、だからこそ、ひとり家庭で悶々と耐え忍ぶ……という現実も少なくないと見ています。

「愛情」がない結婚生活は可能か

こうした日本の結婚生活の実態を語ると、欧米の家族研究者は、皆一様に驚きます。今述べたような「多様な結婚生活（の不満）」の多くが極めて日本的で、世界で類を見ないからです（アジア諸国は別です）。

こうした実態を聞くと、欧米人は「なぜ、彼らは別れないのか」と真顔で聞きます。時代は19世紀ではなく、21世紀なのです。貴族階級同士の結婚、イエの存続のための結婚ではなく、現代西欧社会では男女共に自由意志で結婚しているはず。誰に強制されているわけでもない以上、「相手を好きでなくなったら別れる」のが当然だろうと、彼らは考えます。

好きでなくなったのに、不機嫌な相手の機嫌を取り続けなくてはならない理由、心的愛情がなくなり、肉体的交渉もなくなり、会話も食事もしなくなったのに、さらには暴力を受けているのにもかかわらず、いまだ「夫婦」であり続ける理由。それが、彼らにはわかりません。

しかも日本はキリスト教文化圏ではないのです。カトリック圏では「離婚」が宗教的に認められていませんが、日本はそうした宗教上のタブーもなく、倫理的にも「離婚」に本来、抵抗感は少なかったはず。実際に戦前日本は「離婚大国」として知られていました。にもかかわらず、なぜそのような不毛な関係性を現代社会において続けているのか、続けた先に何があるのか、心から不思議なようです。

もはや極めて日本的とも呼べる「セックスレス」問題は、海外でも有名です。国の調査では、18歳から49歳までの日本人夫婦の半分以上がセックスレスになっていますが、これは欧米では考えられないことです（2021年、国立社会保障・人口問題研究所・出生動向基本調査）。相手への性的関心や、恋愛感情がなくなれば、彼らは離婚します。そこであえて「結婚（生活）」を維持する意味はないと、彼らは判断するからです。

しかしながらご存じの通り、日本では会話が極めて少ない夫婦は、特別でも何でもありません。夜の居酒屋に行けば、男性陣が集まって飲み会に興じ、週末の昼間のレストランは、既婚女性と思しき女性陣が集まり、おしゃべりにいそしんでいます。欧米の同様の場では、多くの男女のカップルや夫婦が、共に同じ時間・空間を楽しんでいるのに比べ、かなり様相が異なるのです。

日本では、「結婚生活」＝「愛情が続いている状態」とは断言できません。「一週間一度も会話をしていな」くても、「一か月一度も食事を一緒にしていな」くても、「寝室が完全に別」でも、「相手のことを好きだと思わなく」ても、日本において「結婚」は可能。むしろ、女性が3人も集まると、配偶者の悪口大会で盛り上がる……のは、極めて日本的なコミュニケーションだとも言えるでしょう。

「結婚」＝「愛情」＋「経済」

ここまで読んでいただいた方には、ある疑問が湧いているはずです。

ならば「結婚」とは何なのか、と。

かつての「結婚」はイエのためのものだった。近代以降、「結婚」は個人のものとなり、個人が選べるものになりました。それは一見、良いことのように見えて、新たな疑問を差し出します。「何を決め手に、結婚をすればいいのか」という問いです。これぞ、「個人化の時代」の最大の問題点なのです。

多様な選択肢から人生を選べる時代、むしろ選ばなくてはならない時代に、何を決め手に「結婚を決めればいいのか」という問題です。しかも「結婚」は、ひとめぼれしたバッグを購入するのとはわけが違います。基本的に「この選択」が、「自分の人生を決めてしまう」かもしれない大切な決断に、「好きに選んでいいよ」と言われた人間は、喜びや自由よりも、不安を感じるのではないでしょうか。「本当にこの人と結婚して、正解なのだろうか」と。

熱烈な大恋愛の末、「もう、この人と結婚できなかったら死ぬ！」と思える相手ならいいでしょう。「相手が好きだから」と確信できれば、「結婚は何のためか」の答えは至ってシンプルになります。

しかしながら、世の中の人々全員が、そんな大恋愛をできるわけではありません。恋愛に淡泊な人、平穏が好きな人、皆様々です。そもそもハリウッド映画のように、一瞬で恋に落ちるほど「ビジュアルも完璧で情熱的で、高収入で、精神が安定していて、優しくて常識のある」男性はそう多くはいません。あるいは男性から見た場合は、「可愛くて、清楚で、両親受けもよく、家庭的で、料理がうまく、自分にも子どもにも優しそうで、かつ自分と趣味や話も合うレベル感」の女性と、どこででも出会えるわけではないのと同様に。なぜならそれが、現実だからです。

かつて私は、「結婚とは、男性にとってはイベント、女性にとっては生まれ変わり」と指摘しました（『結婚の社会学』丸善ライブラリー／1996年）。すでに30年近く前になりますが、幸か不幸か、その指摘は現在も決して的外れではないと思っています。極論すれば、男性にとって結婚は人生の一通過点でしかありません。男性は、結婚で人生のコースが変わるとは思っていません。実際に「結婚」した結果、男性が人生のコースを大きく外れることはほとんどないのです（よほどの〝悪妻〟などでもない限り）。男性は「寿退社」することはめったにありませんし、「出産」で産休に入ることも、「育児」で出世コースを外れることもないのです。少なくともほとんどの男性がそう思っています。だからこそ誤解を恐れずに言えば、男性にとって「結婚」はあくまで人生の一イベントであり、いわばゲームをクリアするような感覚の人も多いはずです。

しかし、女性は誰と結婚するかによって、自分の人生が大きく変わります（少なくとも現代日本社会では）。相手の職業、収入によって暮らしぶりは大きく変わり、どこに住むか、相手の親と同居するか、仕事を続けるか、子どもを産むかによって、その後の人生が大きく変わってしまうのです。「結婚」「同居」「出産」「育児」を経て、女性は「生まれ変わり」ます。これまでとは全く異なる人生を歩むこともできるし、歩まざるを得ない人も多いのです。

だからこそ**日本人（特に女性）は、「結婚」に、「愛情」と「経済的安定性」の二つを求めざるを得ない**のです。「好き」で結婚した結果、相手が仕事をしないいわゆるヒモ男だったら別ですが、反対に経済力はあっても、フキハラ夫やモラハラ夫、DV夫であったとしても、その「結婚」を容易に解消することはできません。なぜなら多くの日本女性にとって、「結婚」は「経済的安定性」とセットになっているからです。「この結婚を解消したら、この生活レベルを維持できなくなる」「路頭に迷うかもしれない」、そして何より「子どもに十分なお金をかけられない」と、離婚を躊躇する家庭は多いのです。

おとぎ話でも、主人公は常に「好きな人（王子様）」と結ばれて、めでたし、めでたしになりますが、それは王子様が「愛情」＋「経済的安定性」を提供してくれる保証があったからです。あくせく働かずに済む特権階級の相手だからこそ、シンデレラも白雪姫も、「愛情」だけをクローズアップして「結婚」を望むことができました。反対にいくら好きでも、稼がない男と「愛情」で結婚して、めでたし、めでたしとなるおとぎ話を、私は寡聞にして知りません。

バブル崩壊後の日本社会が、経済的に成長せず、非正規雇用者を大量に生み、社会格差を生み出してきた実態を私たちは見てきました。特に女性の非正規雇用率は高く、男女の収入の格差は欧米先進諸国に比べて段違いです。2020年時点で、日本女性の非正規雇用率は54・4%と半分以上を占めています。しかも結婚前の世代における25～34歳までは34・3%ですが、出産、育児を経た35～44歳までは49・6%、45～54歳までは56・6%、55～64歳までは66・7%、65歳以上は82%と上昇していくのです（男性の25～34歳は14・4%、35～44歳は9%、45～54歳は8・2%）。

日本がジェンダーギャップ指数が高いのは周知の事実ですが、一部の高学歴キャリア層の女性を除けば、一般女性の多くは、低い時給のサービス業や事務員、派遣社員として働くことを余儀なくされています。

要するに多くの女性にとって「結婚」は、令和になった今でも生活を安定させるための主要素の一つです。「好き・嫌い」だけで「結婚生活」を解消できない事情が、日本社会にはいまだに潜んでいるということです。

図2-1　年齢階級別非正規雇用労働者の割合の推移

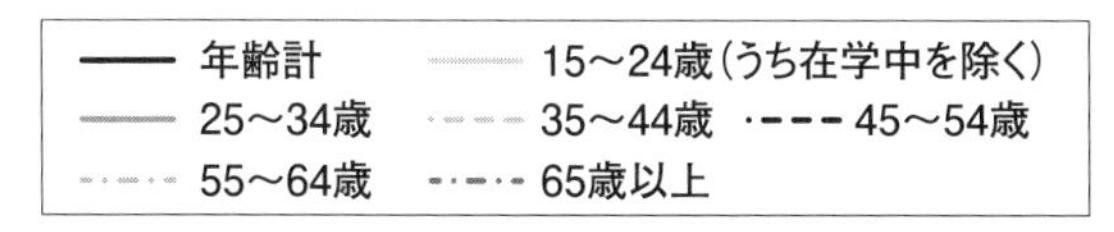

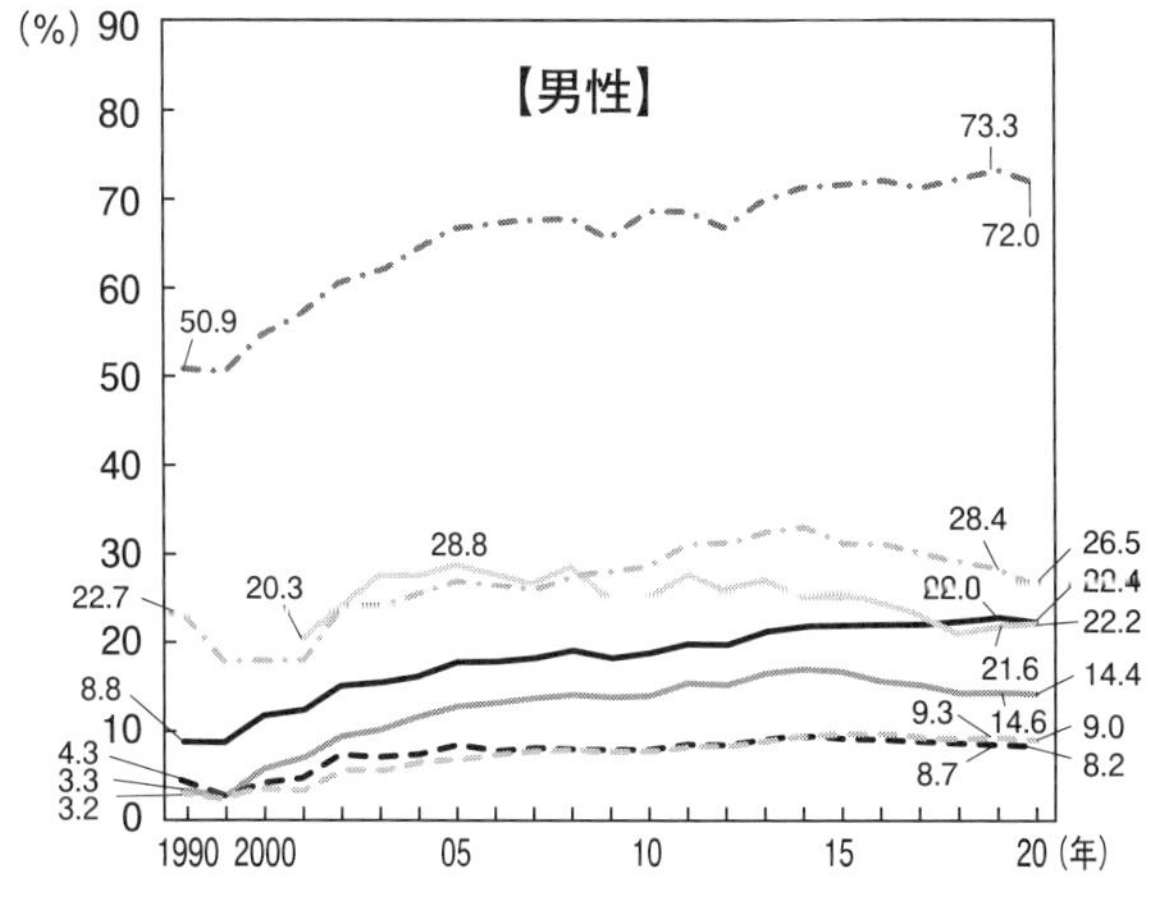

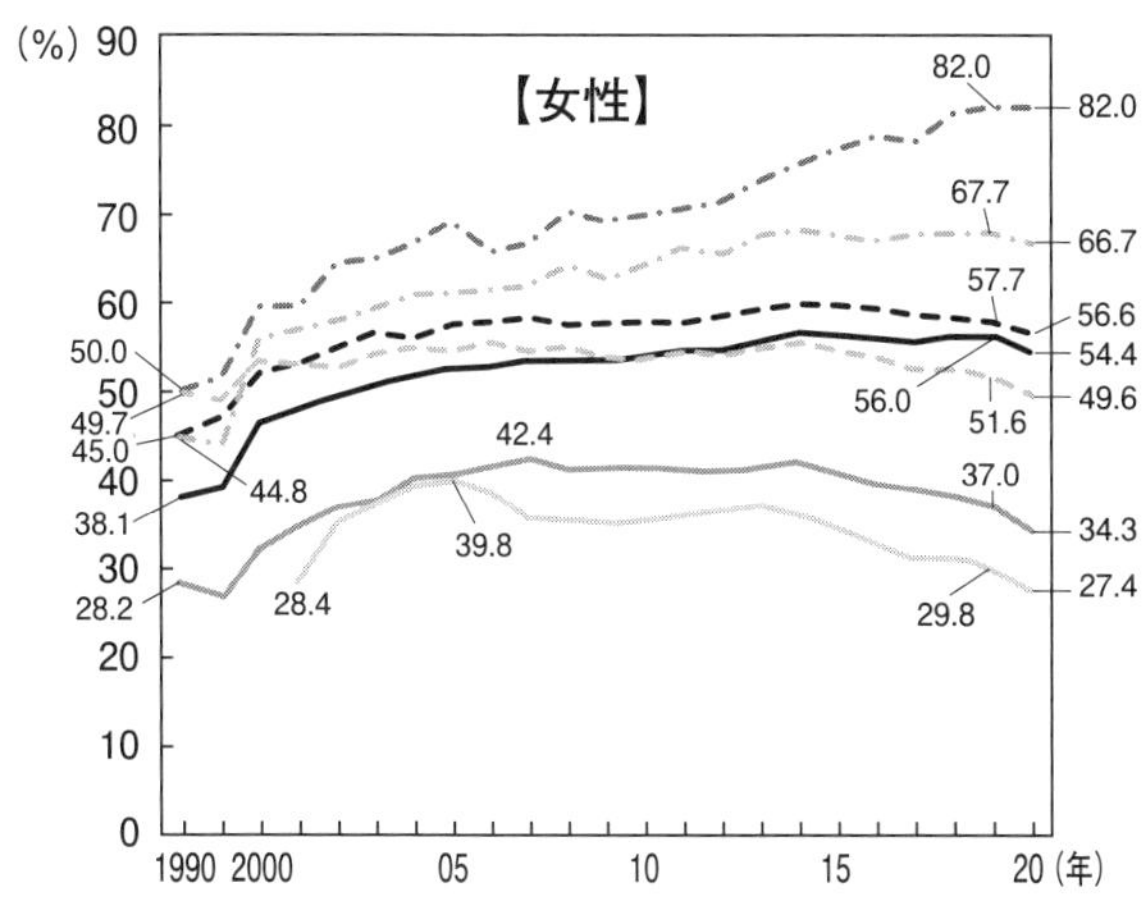

2020年、女性の非正規雇用率は半分以上を占めている。一方、男性の非正規雇用率も、２割強に及んでいる。［出所：男女共同参画局］

「愛情」が最優先の欧米型結婚との違い

しかし、ここからが問題です。「結婚」に「経済的安定性」を求めるのは、現代日本社会で致し方ないことだとしても、多くの場合、「経済的安定性だけを求めて結婚する」のは、多くの女性にとっては自ら受け入れがたい事実であることです。

戦後日本ではようやく「親の決めた結婚」から脱却して、「自由意志で結婚できる」社会を手に入れました。戦前は「親が決めたから、泣く泣く好きでもない相手と結婚した」と言い訳が立ったものも、現代日本では「金のために好きでもない相手と結婚した」とはなかなか言いにくいもの。言いにくいだけでなく、本人もそんな結婚は望まないからです。

近代日本における「結婚」は、他の多くの候補の中から特別に自分が選ばれたという「特別性」と、他者から人生の伴侶として選ばれたという「承認性」を意味しています。単に自分が選んだだけではなく、相手からも「特別な相手」として選ばれたという実感が欲しい。要するに「結婚」＝「経済的安定性」だけでなく「愛情」、正確に言えば「自分が相手にとって特別な存在であることの実感」の要素もしっかり入っていないと、自分自身の存在意義が揺らぐのです。

かくして婚活市場では「イケメン・高学歴・高収入」という、なかなか並立しがたい異なるベクトルをクリアしたごく少数の男性ばかりを求める女性が多くなります。これは現代日本女性がワガママなのではなく、「結婚」に、「愛情」と「経済」の両方が求められるようになってしまった背景が大きいのです。


では、ここで視線を転じてみましょう。

欧米の「結婚」は、はたしてどうなのか。

先に日本が「皆婚」社会から「難婚」社会へ変化し、さらに「結婚不要社会」へと転じたと私は述べましたが、欧米もおおむね同様のルートをたどっています。ただ、途中（1970年代）から日本とは大きく方向転換したことに注意が必要です。

基本的にヨーロッパ社会は日本以上の階級社会ですし、前近代の中世社会では貴族と平民に世の中が分かれ、「結婚＝イエのためのもの」の時代が長く続きました。貴族階級においては、「結婚」は親の決めた相手として、「恋愛」は他に愛人をつくるのが理想的。

「結婚が当人の愛情によってなされたら、社会は混乱する」と考えられていたのです。
しかし、近代以降、「結婚」は「当人同士の愛情」で結ばれるようになりました。この点においては日本と同じで、というよりもむしろ、日本が彼らのそうした習慣を輸入したわけですが……。

ところがその後、日本と欧米は異なる道を歩み始めました。二度の世界大戦後、欧米社会では、女性の社会進出が進みました。戦争で男性の数が激減したこともあり、労働力として女性が活躍しなくてはならなかった背景もありました。男性による家父長的社会の閉塞感を打ち破り、19世紀に萌芽したフェミニズム運動がより盛んになりました。１９６０年代にはウーマンリブ運動も起こり、男女同権、女性解放、女性の社会進出が浸透した結果、女性と男性のジェンダーギャップも大幅に縮みました。そうした変化は、女性の政治家や起業家、経営者や管理職が日本とは比較にならないほど多い昨今の欧米社会を見れば、自ずとうなずけることではないでしょうか。

加えて特徴的だったのは、こうした社会をリードする優秀な女性陣以外、すなわち**社会の低所得層における女性たちの立場向上や救済措置も、欧米社会では顧みられた**ことです。

特に北欧やドイツ、フランスなどの国々は、自由資本主義圏でありながら福祉対策にも力を入れ、シングルマザーや貧困女性に対する公的支援策を充実させていきました。

日本では、「結婚→出産→DV で離婚→養育費を得られない→シングルマザーとして貧困に陥る→水商売で何とか子どもと一人で生活する」などの事例が巷に多く溢れていますが、前述の国々ではそういう事態には陥りません。

日本が少子化対策でお手本にしているスウェーデンでは、いわゆる日本のような母子家庭の貧困問題は存在しないのです。女性に対する「職場差別」がなく、シングルマザーであろうと、貧困世帯であろうと、子どもに対しては国が養育費を払う仕組みが整っているからです。仮に、法的に「養育費を払う」と取り決めた元配偶者が支払わない場合は、政府がそれを立て替え、追って政府が相手から養育費を徴収します。つまり税金と一緒で、相手は「養育費を払いたくないから」と逃げきることはできないのです。

稼ぎと表裏一体の愛情の搾取

男女共に「独立心」が強いのも、日本との大きな違いです。男性であろうと、女性であろうと、ヨーロッパやアメリカでは、成人したのちは経済的にも住居的にも親から自立することが求められます。

対して日本では、成人後も実家に居続ける若者が多く、それを私は「パラサイト・シングル」と名付けましたが、欧米では大学進学（もしくは高卒就職）と同時に、親元から離れるのが一般的なのです。一人暮らしをしたり、仲間とルームシェアをしたり、大学の寮に入ったりした彼らは、よほどの大病や事故、不幸な出来事が起こらない限り、「実家に戻る」という選択肢を持ちません。私が聞いたある国では、子どもは成人するまでは両親を「お父さん、お母さん」と呼ぶが、成人したら互いにファーストネームで呼び合うという慣習もありました。要するに、自立しているのです。

それと似たような感覚で、世界では理解されにくい日本の慣習もあります。それが「結婚したら、夫のお金は私のお金」と考える女性が多くいるという事実です。実際に、夫の給料は妻に預けられ、妻から夫に「お小遣い」が支給されるシステムが、昭和時代からの伝統で、令和の今もそのスタイルを持続する家庭が多く見られます。

私が今回行った「親密性調査」でも、「家計のすべてを妻が管理する」が全体の45％を占めていました。「夫が生活費を妻に渡す」は25％と少数派で、夫婦「共通の財布」は10％。

実家で暮らす間は、「両親が自分の面倒を見る」のが当然な日本では、結婚したら「夫が自分の生活の経済的安定をもたらす」のが当然と考える人が多いのでしょう。

同時に、海野つなみさんの漫画が原作のテレビドラマ『逃げるは恥だが役に立つ』（2016年）では、主演の新垣結衣さん演じる森山みくりが、非常にインパクトあるセリフを放ちました。

〈私、森山みくりは、〝愛情〟の搾取に断固として反対します〉というセリフです。ここには「結婚」すれば、「女性には自動的に男性（夫）の給与がもたらされる」という考えと表裏一体である、**「結婚」をしたら「男性には女性（妻）の家事労働が無条件に与えられる」という極めて日本特有な結婚観**が象徴されているのです。


一度、話をまとめましょう。

一般的に欧米諸国では、「結婚」イコール「愛情」であり、そこに「経済的安定性」は含まれません。仮に結婚相手が富豪などで、「結婚したから金持ちになった」例はあっても、結婚相手の所得が低いからといって、「結婚して自分も貧乏になった」という方程式は成り立ちません。自分が貧しいのは結婚相手のせいではなく、あくまで自分の稼ぎの問題であると意識せざるを得ないのです。特に西ヨーロッパ諸国では、配偶者の所得いかんによって即〝貧困〟とはならないように、国家としてのセーフティネットも存在していますす。そもそも欧米では夫婦「別々の財布」が原則ですし、互いの収入を知らないというのもざらです。一方的な離婚もできますから、たとえ経済的安定を求めて結婚しても愛情がなくなれば、経済的安定も失われるわけです。

「結婚」によって「経済的安定性」が揺らがない、脅かされない、つまり「結婚が経済的リスク」に関連しないのであれば、純粋に「愛情」によってのみ、人々は「結婚」を実現することができます。となると、もう結婚という形式を取らないカップルも生まれます。カップル同士の愛情があれば、その愛情を実感すること自体が本来の目的なのですから。

加えて日本的な「世間体」も、欧米にはあまり見られません。他人は他人、自分は自分。「お互いの価値観はそれぞれが決める」という意識が徹底している現代西欧社会では、「結婚するのが当然」「未婚だと後ろ指をさされる」というような社会圧は存在しません。そのため結婚を愛情で測ることができる。だからこそ、「日本では愛情がなくなった夫婦が、なぜ、結婚生活を続けるのか」という欧米の研究者の驚きが生まれるのです。「日本では、経済的リスクのために結婚できない、そして離婚できない」事情があることが、なかなか理解されないのです。

異種のゴールを同時に求められる難婚

「格差」が広がっている日本では、『結婚』も二極化していると感じています。先述の通り、日本が「皆婚」社会であった要因の一つは、当時の日本全体が好景気に沸き、高度経済成長期でもあったからです。その時代では人々が「結婚」に、「愛情」と「経済的安定性」の双方を求めても、多くの場合がそれに応えられたのです。もちろん皆が金持ちにはなれなくても、ほとんどの人が「昨日より今日、今日より明日」の方が豊かになると信じられたのです。どんな職業の男性（工場労働者でもサービス業者でも中小企業の社員でも）と結婚しようと、大抵の人は給与アップと、生活の向上を体感することができました。「結婚」が、多くの人にとって「経済的安定性」を約束することができた稀有な時代だったと言えるでしょう。

しかし今、10年後、20年後どころか、数年先の生活も先行き不透明で、「子どもを生み育てられるのか」確信を持てない社会となった結果、人々は「愛情さえあれば、後は何とかなる」とは思えなくなっています。それこそが夢物語であり、「結婚」は「経済的安定性」がなければ持続可能ではないことを、「離婚が3組に1組の時代」だからこそ、若者は痛感しているのです。


心理カウンセラーの先生がおっしゃっていた言葉が、印象的でした。その先生によると、「人間は複数のことを同時に行うのが苦手」らしいのです。一つの要素だけなら集中して頑張れる、しかし、複数のことを同時に成し遂げようとすると、それは労力も心的ストレスもかかり、負荷が大きくなってしまうのだそうです。

そう考えてみると、まさに**現代日本の「結婚」こそ、複数のことを同時に行おうとするような行為**ではないでしょうか。

見た目のいい相手とロマンティックな恋愛をしたい。

だが、結婚後は安定した生活を営みたい。

子どもが生まれたら、夫婦生活も育児も仕事もしっかりやりたい。

現代人は、「選択の自由」という権利を手に入れた結果、「複数の選択を同時に考慮する」という、人間にとって実は非常に難易度が高いことをやり遂げなくてはならない事態に陥ってしまったのではないでしょうか。しかも、新自由主義的経済発展と同時に、あらゆる「選択」は「個人の責任」に帰すようになってしまいました。「自助・共助・公助」の順番で、個人の努力が徹頭徹尾求められる時代、「結婚」が成功するか失敗するかもすべてが「個人の責任」となったのです。

人生の情緒面を満たしてくれる「恋愛」。
人生の経済面を保障してくれる「結婚」。

本来、異なるベクトルを持つ異種のゴールを、同時に手に入れなくてはならない緊張感は計り知れません。どちらか一つならば専念して集中できるのに、両方同時は難しい。二兎を追うものは一兎をも得ず。どうしてもどちらかに比重を傾けざるを得ないのです。

ゆえに「恋愛感情はほどほどに、経済的安定性を重視する」とか、「恋愛を重視したいから、結婚後の生活の安定は気にしない」などと優先順位をつけられればいいのですが、現実には「顔が良くて背も高くて、高学歴で年収1000万円以上の男性と大恋愛して結婚したい」と、複数の異なる要素をすべて叶えようとしてしまう。ほぼ不可能な幻想を真剣に求める婚活現場が誕生してしまうのです。

選択の岐路に迷う「個人化ネイティブ世代」

ここまで述べてきたことを振り返り、本章を締めくくりましょう。

第1章では日本の「結婚の歴史」を俯瞰すると同時に、しかし、若者世代は相変わらず高度経済成長期に確立した「日本の伝統的価値観」を継続して抱いていることを見てきました。伝統といっても、せいぜい定着してから60年くらいなのですが、60年の月日を経ればば、それが当たり前に思えるのでしょう。

第2章では、そうした固定化された脳内イメージとは異なり、現代日本の「結婚」の形は実際には多様化している現実をたどりました。ただし、その「多様化」「選択肢の豊富さ」こそが、実は現代人を大いに惑わす落とし穴でもあることを確認しました。

戦中世代、戦後の団塊世代は、大いなる「制約」の中で青春を過ごしてきました。無我夢中で働き、国民全体が苦難の時を脱し、豊かな生活を目指して邁進してきたのです。そうした先に実現した豊かな社会では、1980年代のバブル期に「24時間戦えますか」というキャッチフレーズのCMも生み出しました。日中はモーレッ社員として働き、夜は同僚と飲んで騒いで、憂さを晴らす。今の若者からすれば一種異様に見えるかもしれませんが、同時に社会全体には活気がありました。

「真面目に働けば、自分たちは親世代よりも豊かになれる。自分たちの子どもにはより豊かな生活を与えられる」という「夢」が、高度経済成長期以降の日本国民の原動力となっていたのです。

しかしそのバブル経済も終焉し、迎えた平成・令和の時代、人々は生活の豊かな成長を実感できなくなっていきました。とりあえず食うに困らない職はあるかもしれないし、住居や洋服、家電製品やスマホもある。しかし給料は一向に上がらず、非正規社員となった若者たちはキャリアアップも望めず、人生の向上を実感もできなければ、夢も描けなくなっていったのです。

生活にも、人生にも、キャリアにも、楽観的な夢や向上への期待を抱けなくなっていった日本人が、結婚生活にだけ夢を見いだせるわけがありません。むしろ「自分ひとりならどうにか生きていけるが、妻子を養うまでの給料は望めない」と多くの男性は冷静に見極めるようになり、女性も「結婚で一発逆転を狙えないなら、別に結婚しなくてもいい」と判断するようになります。

でもそれは、「結婚」に「愛情」を求めるのではなく、むしろより重要なファクターとして「経済的安定」を望むようになった結果の、日本特有の問題でもあるわけです。それは、韓国や中国などの東アジア諸国にも広がる兆しがあります。

西欧社会は、「結婚」から「子孫の存続」や「イエの存続」という前近代的要素を削ぎ落とし、さらに経済的相互依存という役割も求めなくなっていきました。その結果、人々に「結婚の純化」をもたらしました。「相手が好きだから一緒にいたい」＝「結婚」というように、シンプルに考えるようになっていったのです。

もしかしたら日本人も、「結婚」の条件が「相手のことが好き」という愛情問題に絞られていたのなら、物事はよりシンプルだったかもしれません。しかし現実には、**「愛情」＋「経済的安定性」という本来真逆なベクトルを同時に達成しなくてはならない社会**になった。その結果、「成婚」率そのものが低下して生じたのが今の日本の少子化社会です。

次章からは、「結婚」と両極を成す、「未婚」と「離婚」のリアルを見ていきましょう。

第3章

「未婚」は恥ですか？――パラサイト社会と個人化社会の矛盾

「生涯未婚率」の急上昇

一昔前、子どもに「将来の夢」を訊ねると、「消防士さん」や「看護婦さん」に混じり、「お嫁さん」や「お母さん」という答えが返ってきたものです。幼い女子にとって「お嫁さん」や「お母さん」は、日々のおままごとでも登場回数が多い人気の役柄です。日常で一番身近な存在である父母の姿に、将来の自分の姿を投影する子がいても不思議はありません。毎朝出勤するお父さんの姿を見て、またご飯をつくって宿題を見てくれるお母さんの姿を見て、「私（僕）も、将来お母さん（お父さん）みたいな人になりたい」と願っていたあの子どもたちは、今どのような大人になっているのでしょう。

2021年の末、「生涯未婚率」の急上昇が、日本のメディアを騒がせました。2020年の国勢調査の結果が公表され、日本人男性の28・3％、女性の17・9％が、生涯未婚であるという報道です。今後、男性の約3割弱、女性の約2割弱が、結婚せずに人生を終える実態を、内閣府の「少子化社会対策白書」が提示したのです。

ちなみに「生涯未婚率」とは、50歳時点で「未婚」の人たちの割合です。厳密に言えば、彼らが「生涯にわたり絶対に結婚しない」とは限りません。ただし50歳で「未婚」ならば、生涯にわたり未婚であり続ける確率が高く、出産もほとんど見込めないため人口動態を考える材料とされているのです。もちろん中には、「結果的に55歳で結婚しました」というケースもあるでしょう。ただ数としては少数派となります。何しろ21年度の調査によると、日本人の平均初婚年齢は、男性は31・0歳で、女性は29・4歳です。50歳まで一度も結婚せずにいる人たちが、51歳以降モーレツに婚活に励むというのは、あまりリアルな想像ではありません。実際、私の調査でも、同じ50代独身者でも離別者や死別者の方が、未婚者よりも結婚意欲が高く出るのです（2022年科学研究費による調査　婚活をしている50代独身者6・8％、うち50代離死別男性14・6％／恋人がいる人、未婚者13％、50代離死別男性23％〈山田昌弘2022「中年独身者の生活実態と将来不安」中央大学社会科学研究所年報26号〉）。

　さて、この「生涯未婚率」ですが、終戦直後の1950年時点では、なんと男性は1・5％、女性は1・4％でした（1900年生まれ相当）。つまり100人いれば、男女共に

98人は結婚していた計算です。戦後から高度経済成長期までの日本社会は、国民のほとんどが結婚する「皆婚」社会だったと先に述べましたが、この数字からますます納得できるのではないでしょうか。

さらに時代を経た1995年時点でも、「生涯未婚率」は男性9・0％で、女性は5・1％です。男性が100人いれば、90人は結婚していたし、女性も100人中、95人は結婚していた計算になります（2024年現在79歳前後）。2000年時点ですら、男性12・6％、女性5・8％であることを見ると（現在74歳前後）、ごく最近まで、日本人の大多数は「生涯一度は結婚するもの」であったと言えるでしょう。

ところがその後、日本の「生涯未婚率」は急上昇していきます。2010年には、男性20・1％に、女性10・6％になり、2020年には男性28・3％、女性17・9％になりました。2035年には、緩めの推計でも男性29・0％、女性19・2％まで上昇すると考えられています（平成28年版厚生労働白書・生涯未婚率の推移〈将来推計含む〉）。

現在の状況に鑑みるに、そのスピードはさらに加速するかもしれません。私たち**日本人は、男性は3人に1人、女性も5人に1人は結婚しない社会に生きていく**ということです。

図3-1　年齢階層別未婚率の推移

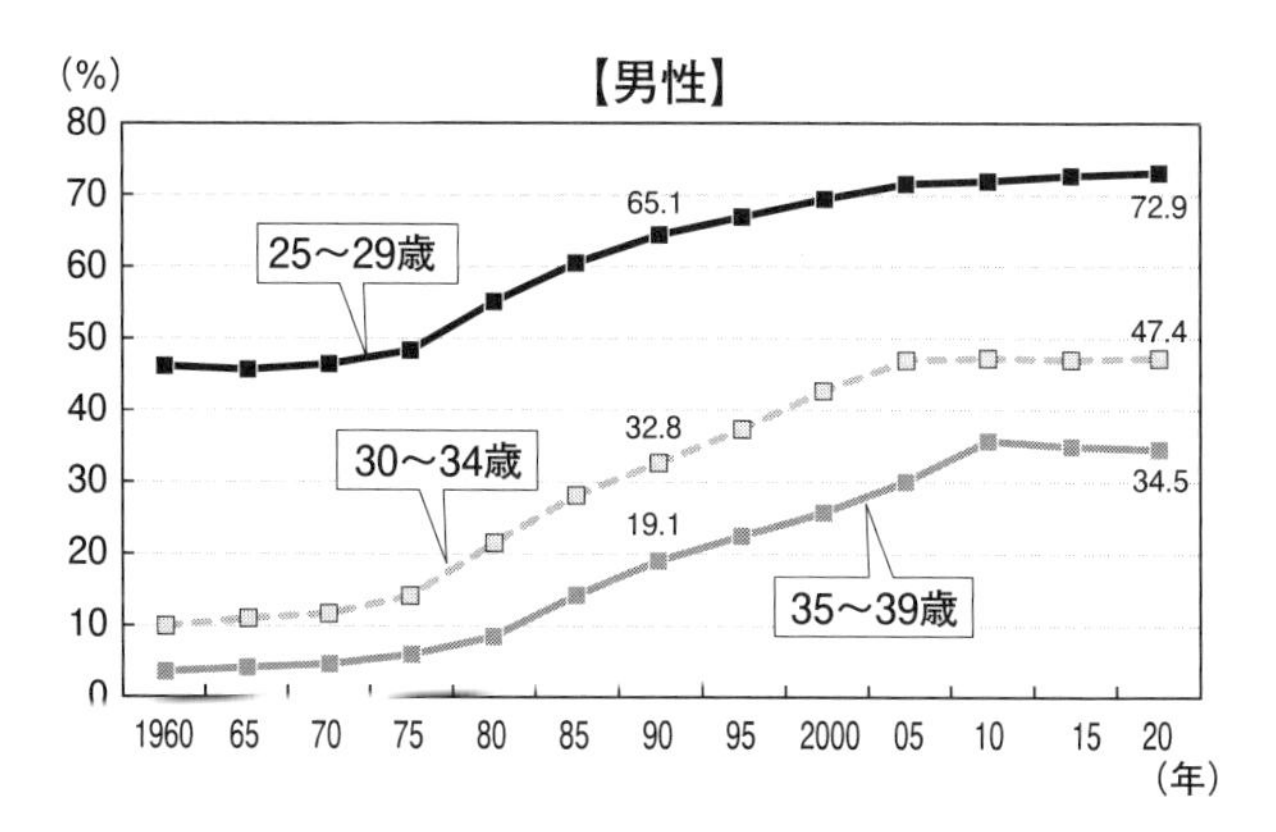

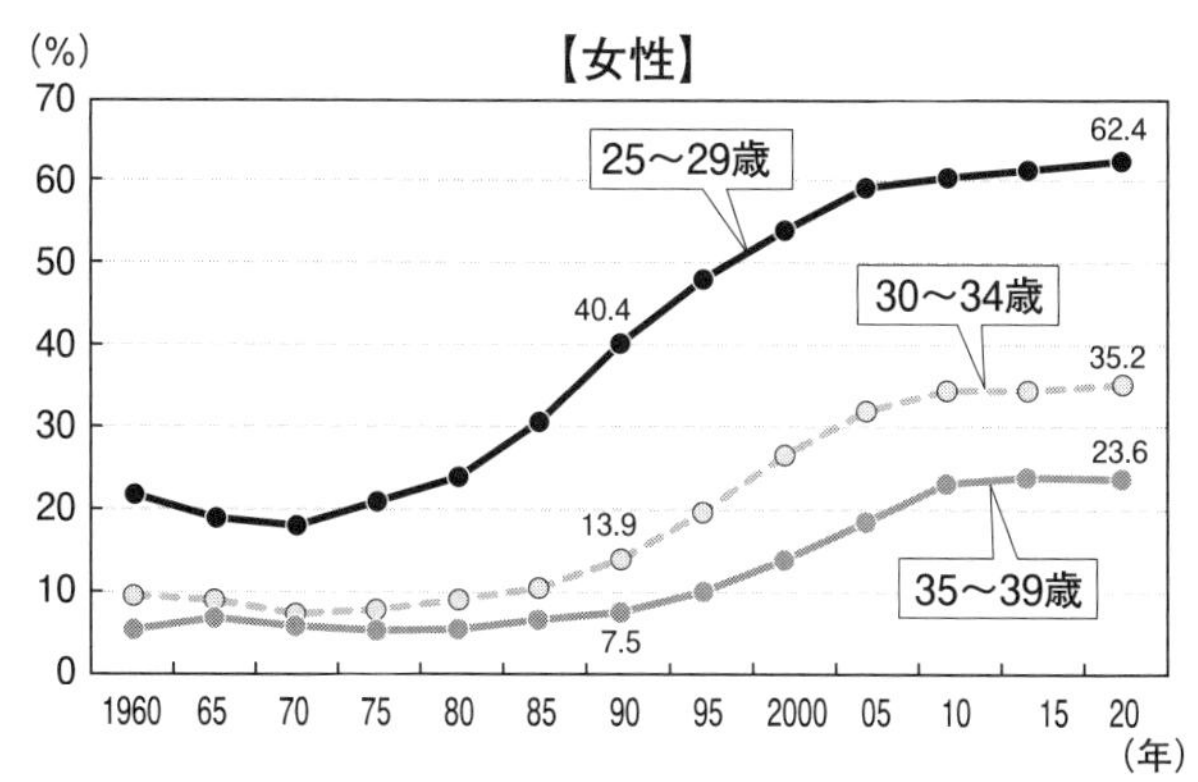

男性は、35～39歳でも３割強が未婚となっている。女性の未婚率は男性より低いが、５人に１人は40歳まで結婚していない。[出所：総務省統計局]

親子密着型同居スタイルの功罪

「一生、結婚しない人がこれだけ増えた！」というニュースは衝撃的ですが、そもそも現代人は、「独身」である期間が、親世代や祖父母世代に比べて、圧倒的に伸びました。「結婚しないまま人生を終える人」以外にも、「40歳近くまで結婚しない人」「結婚したけれど、離婚して独身に戻った人」「結婚したけれど、配偶者に先立たれた人」も増加したのです。その理由の一端が、日本人の長寿化にあります。

大学の講義で、私は小津安二郎監督作品の『晩春』（1949年公開）を紹介することがあります。物語の中で笠智衆（りゅうちしゅう）さん演じる父親が、原節子さん演じる27歳の一人娘に、結婚を促すために語る言葉があるのですが、その内容に学生たちはどよめきます。

「お父さんはもう56（歳）だ、もう先は長くない」というセリフです。

現代の日本社会で「56歳」という年齢が「老い」に結びつくことはほとんどありません。芸能人に限らず一般人でも、今の50代は光り輝いており、生命力に満ち溢れています。むしろ「人生百年時代」において、「50代は人生の折り返し地点」と捉える人も少なくないのではないでしょうか。

ですが、この映画がつくられた時代は違いました。当時の男性の平均寿命は約60歳だったのです。この物語のお父さんは、決して泣き落とし戦略で娘を結婚させようとしたのではなく、本人のリアルな感覚として「もう自分の人生は長くない」、そう感じていた、ということです（母親はすでに他界しているという設定です）。

当時は、年金受給前に約半分の男性が亡くなる時代です。今のような年金財政破綻の心配がないと同時に、27歳の娘も「万が一結婚できなかったら、親にパラサイトしよう」などとは思わなかったはずです。むしろ「早く結婚しなくては、自分はひとりぼっちになってしまう」という、生活の経済的基盤と心のよりどころを失う焦燥感の方が強かったはずです。それが「皆婚」時代の昭和と、「難婚」社会の平成かつ「結婚不要社会」の令和との最大の違いです。

今や結婚しないまま30代になり、40代そして50代になっても、実家に同居することは可能です。親が60代、70代、80代を過ぎても健康であることも多くなりました。途中から年金受給も始まります。パラサイトしている子も、給料から幾分かを家計費として納めていれば、親世代も助かるかもしれません。中年になった我が子の世話を、高齢になっても続けなければならない親世代の心労も、とめどない子への愛情で解消できるのかもしれません。「子はいくつになっても愛しいもの」「老いては子に従え」の変形が、**日本社会特有の親子密着型同居スタイルに継承されている**のかもしれません。

自らは結婚せず「未婚」を選んでも、家に帰れば家族がいる安心感、これは大きいものです。あるいは一度結婚したものの「離婚」となった場合も、「実家に戻る」選択肢があります。日本では、若年で離婚した女性の約半数が実家に戻るという報告もあります。自分で選んだ配偶者との関係は解消可能でも、実家に戻れば、血でつながった本物の「家族」がいる安心感。そしてそれを許してきた親世代という構図が、社会のセーフティネットの欠損部分を補い機能し続けている。この実態こそが、日本の「未婚社会」を下支えしている大きな要因となっています。

結婚マイノリティがマジョリティへ

「未婚」も「離婚」も、現代日本では少数派ではなくなりました。世の中のマイノリティが世間からその存在を認識され、一定の立場を獲得するには、それなりの段階を経る必要があります。つまりマイノリティもあまりに少数である時代は、その存在すら人々には認知されず黙殺されてしまうわけです。その状況を脱して、多数派にたとえ数では負けていても、「我、ここにあり！」と自らの存在を主張するためには、総数と声の大きさが必要です。

この現象を「女性管理職比率と同じ」だと、私は常日頃から学生に説明しています。ジェンダー論の授業では、「女性比率を○％と論じること自体が、ナンセンスではないか」という声が、学生から挙がることもあります。何でも数字で測るというのは杓子定規ではないか、という疑問です。

しかし私は、「数こそが大切なんだ」と学生たちに説いています。女性管理職問題にしろ、ジェンダー問題にしろ、大切なのはマジョリティに対してマイノリティが何割占めているか、そしてどれくらい大きな声を上げられているかです。仮にある企業で管理職が10人いたとして、その中で女性管理職が1人しかいない状態では、何か問題が生じた場合、

「だから女性は……」と、ジェンダーのせいにされかねません。

しかし、これはフェアではありません。仮に男性管理職が何かミスをしても、「これだから男性は……」とは誰も言いません。それなのに女性の場合は「これだから女性は……」と、性差すなわち属性の問題に集約されてしまう。

日本で外国人が犯罪をした場合も、これによく似ています。「日本人だから犯罪をした」とは誰も言わないのに、少数派である外国人が罪を犯した時は、「外国人」であることが真っ先に強調され、報道されます。これは日本における外国人比率が、諸外国に比べて圧倒的に低いからこそ起きる現象です。

こうした属性の偏見を避けるためには、やはりマイノリティが社会に占める割合を増やし、声のボリュームを高める必要があります。仮に10人の管理職のうちせめて3人を女性が占めるようになれば、そのうちの1人が何かミスをしても、「女性だから」とはなりません。あくまでも個人の責任、個人の事情になるのです。だから、政府が女性管理職比率の目標を3割にするのは意味があるのです。

同様に仮に将来日本に女性総理が誕生しても、たった1人だけの時代は、「だから女性首相は……」と言われかねません。日本で女性首相が複数名誕生してようやく、「○○首相は」と個別に評価されるようになるのです。

「未婚」「離婚」「同性婚」なども同じではないでしょうか。それらが社会全体の1割に満たない時代は、何をしても「これだから未婚は」だの「やはり離婚したから」だの「あそこは同性カップルだから」と、何かと「属性」の問題にされてしまう。その観点から眺めてみると、「未婚・離婚」がタブー視されずに一般的になったのは、いったいいつからなのでしょう。

私が見るところ、**「離婚」が決してレアなケースではなくなってきたのは80年代以降、そして「未婚」は2000年以降から**です。

1970年代までの日本人の離婚は「10組に1組」ペースでした。10組に1組では、現在の女性管理職比率と一緒です。要するにレアケース。離婚した人に何か問題があるのでは、と思われてしまいます。「私、離婚しようかな」とか「俺、離婚したんだよね」と世間で大っぴらに話せない時代でした。

しかし90年代になると、周囲でも「離婚した友人」「離婚した上司や同僚」「離婚した親族」が見られるようになります。こうなると離婚したからといって、白眼視されることはまずありません。「離婚」が本人の不徳の致すところではなく、「いろいろ事情もあるよね」と周囲もくんでくれるようになる。ましてや現在の「3組に1組」の離婚状況では、もはや「私、離婚しようかな」という相談は、「私、結婚しようかな」と同じくらいの感覚で受け止められます。もはや芸能人が離婚しようが、近所の知り合いが離婚しようが、世間はそれほど騒ぎません。むしろ自分自身の中でも、頭の片隅に常に「離婚」の二文字がちらついている……という人も少なくないはずです。

「晩婚」から「未婚」そして「おひとりさま」へ

同様に「未婚」もボリュームが重要でした。90年代以降に、いわゆる「中年独身者」が増加し始めました。もちろんそれまでも「若者の独身者」はいましたが、「中年の独身者」は少なかったのです。女性なら20代まで、男性なら30代前半のうちに、ほとんどの人が結婚していたからです。40代を過ぎて「独身」状態は、よほど本人に強い意志があるか、家庭に事情があるか、あるいは何かしら他の事情があるか。つまり、本来万人がすべき「結婚」を「あえてしない」のであれば、そこには何かしらの「理由」が存在しなくてはならなかったのです。

しかし、今は違います。「独身」状態でいる人に「何で？」と聞くことは、少々マナーに反します。そこに明確な理由があることもありますが、ないことも大半で、当の本人ですら原因・理由が思い至らないのに戸惑っていることだってあるでしょう。

日本人の「平均初婚年齢」は、年々上がっていきました。1975年には男性は27・0歳、女性は24・7歳でした。高校や大学を卒業して、今となってはわりと早めの20代半ばまでには結婚するケースが一般的だったのです。女性は半分以上が25歳前に結婚しており、だから「クリスマスケーキ」（25を過ぎると売れなくなる）と言われたものです。それが2022年には、男性31・1歳、女性29・7歳になり、今では男女共に約30歳です（厚生労働省「人口動態調査」より内閣府男女共同参画局作成）。

つまり90年代頃までは、「20代半ばで結婚しなくても、いずれ30歳までには結婚するだろう」と両親も本人も周囲も思い、それほど危機感はありません。この段階で使われていた言葉は、「未婚」ではなく、「独身」でした。あえて言うならば、「晩婚」と捉えられていたのです。いずれは「結婚」する、だがその時期が他人と比べて遅いだけ、というわけです。

しかし、2000年に入った頃から、風向きは変わりました。「30代には結婚するだろう」と考えてきた若者たちが、もはや「若者」ではなくなり「壮年」になり、そろそろ「中年」にさしかかってもなお、「独身」でい続ける人が増え始めたからです。本人も、親も、社会全体も「おや?」と思い始めました。「これはどこか違うぞ」と。

「今は結婚する気がないけれど、いずれしたいと思っている(するはず)」と本人も思い、周囲もそう思ってきた人たちが、「もしかしたら生涯結婚しないのかも……」と気づく瞬間。このあたりから「晩婚」という言い方はなりを潜め、「未婚」という言葉がメディアに躍るようになりました。

マイノリティとしての数の上昇と同時に、大切なのが「声の大きさ」です。2003年には、エッセイストの酒井順子さんが『負け犬の遠吠え』（講談社）を出版し、大きな話題となりました。「30代以上・未婚・子ナシ」という謳い文句は、もはや現代では何の希少性もなくなりましたが、20年前の当時は、自虐的なタイトルと共に世の中に衝撃を与えたものです。中には「よくぞ言ってくれた！」と当事者たちの共感も含まれていたでしょう。自分は社会の少数派だと思っていたけれど、実はそこまで少数派ではなく、同様の想いを抱えている人は世の中に大勢いるという感覚を受け取った人も多かったはずです。

同様に話題になったのが、フェミニスト・社会学者の上野千鶴子さんによって広まった「おひとりさま」概念です。それまで肩身狭く生きてきた独身者、未婚者、離婚者たちが、「何も卑下することはない」「胸を張って生きていいんだ」と背中を押されたわけです。

何しろ「ひとり」に、「お」と「さま」が付随しているのです。従来、「孤独」「孤立」といったマイナスイメージを彷彿（ほうふつ）させてきた「未婚」「離婚」が、「自由」「自主自立」といったポジティブイメージとして装いを新たにしたことも大きかった。もはや「未婚」は、社会のマイノリティではありません。珍しくもなければ、同情されるようなことでもない、ましてや批判されるようなことではなくなったのです。**「未婚」も、人生の一つの在り方**

であり選択肢であることが、日本社会で認知されていきました。

「おひとりさま」と「パラサイト・シングル」を分けるもの

「おひとりさま」として人生を謳歌するには、精神的自立と経済的自立が不可欠です。結婚をしなくても（あるいは離婚をしても）、ひとりの人間として生活でき、なおかつ自分の稼げる範囲で旅行をしたり、趣味を楽しんだりできる経済的自立がある女性、さらに「自分ひとりの時間」を楽しめる精神的自立が、「おひとりさま」の核を成すものです。逆に言えば、「ひとりでは寂しすぎる」「夫がいないと世間に顔向けできない」「独り立ちする仕事や収入がない」人は、「おひとりさま」状態を楽しむことはできません。

実はこうした「おひとりさま」と呼ばれる「未婚」状態は、ここ20～30年で可能になった現象です。平成初期までも「おひとりさま」はいたかもしれませんが、数としては少数派だったはずです。かつても「ひとりを楽しむ」精神的自立を持った女性は多かったでしょうが、経済的自立となると、多くの場合、困難に直面したからです。男女雇用機会均等法（1986年施行）以前は女性が就ける仕事は限られており、仮に「仕事」があったとし

図3-2　男女別・生涯未婚率の推移

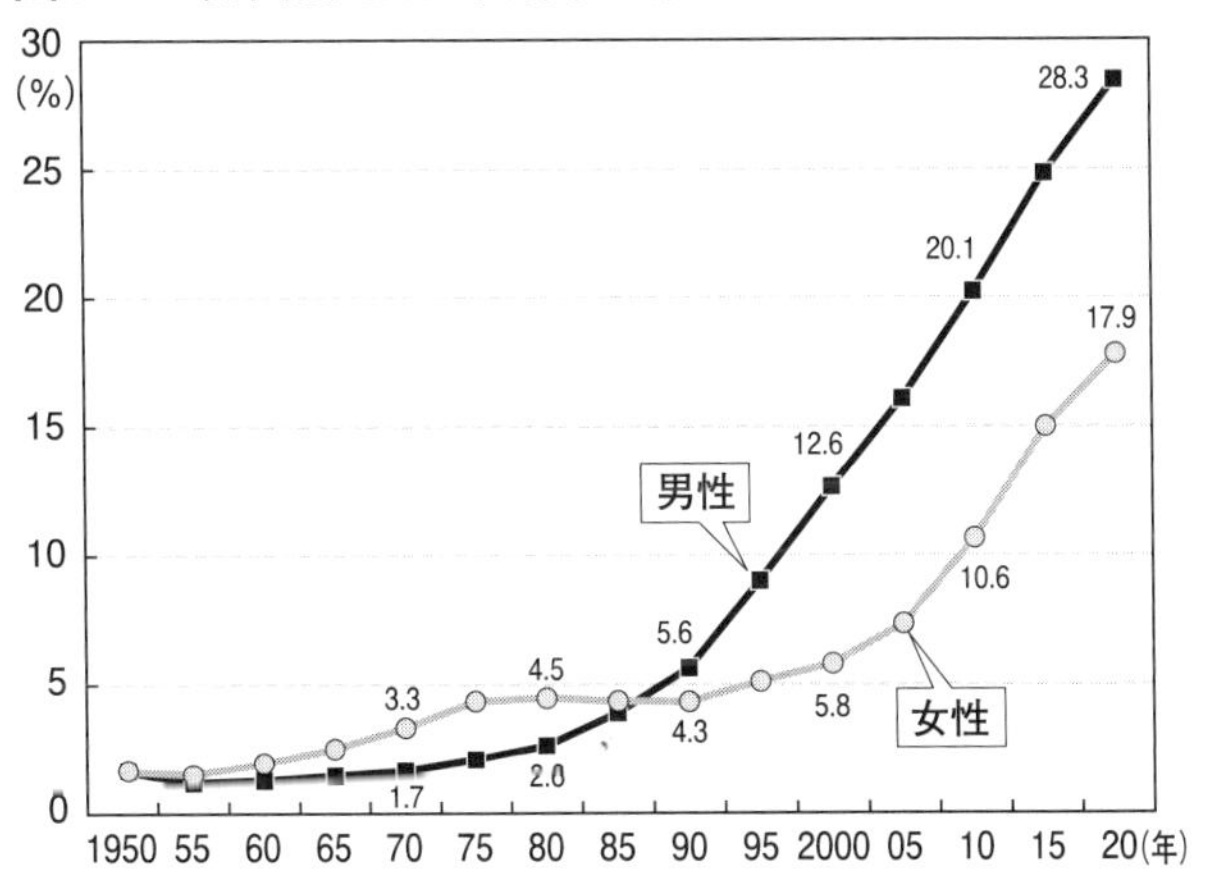

生涯未婚率は、50歳時の未婚率。45～49歳と50～54歳の未婚率の単純平均により算出される。男女共に、2000年以降の伸び率が著しく、2022年の男性の数値は、３割弱に及ぶ。［出所：男女共同参画局］

ても、生活に余裕が出るまでの収入を得られる人はほんの一握りでした。基本的に若いうちは父親に、成人しては夫に、老いては子に養われるのが通常の女性の生涯では、「おひとりさま」に必要不可欠な「経済的自立」が非現実的だったのです。裏を返せば、現代の世の中でも「おひとりさま」生活を謳歌できるのは、一部の女性に限定されていると言えるでしょう。

2000年代に入り、非正規雇用者が増えていったことはすでに述べました。2022年時点で、15〜64

図3-3　就業率の推移（総数／15〜64歳／65歳以上）

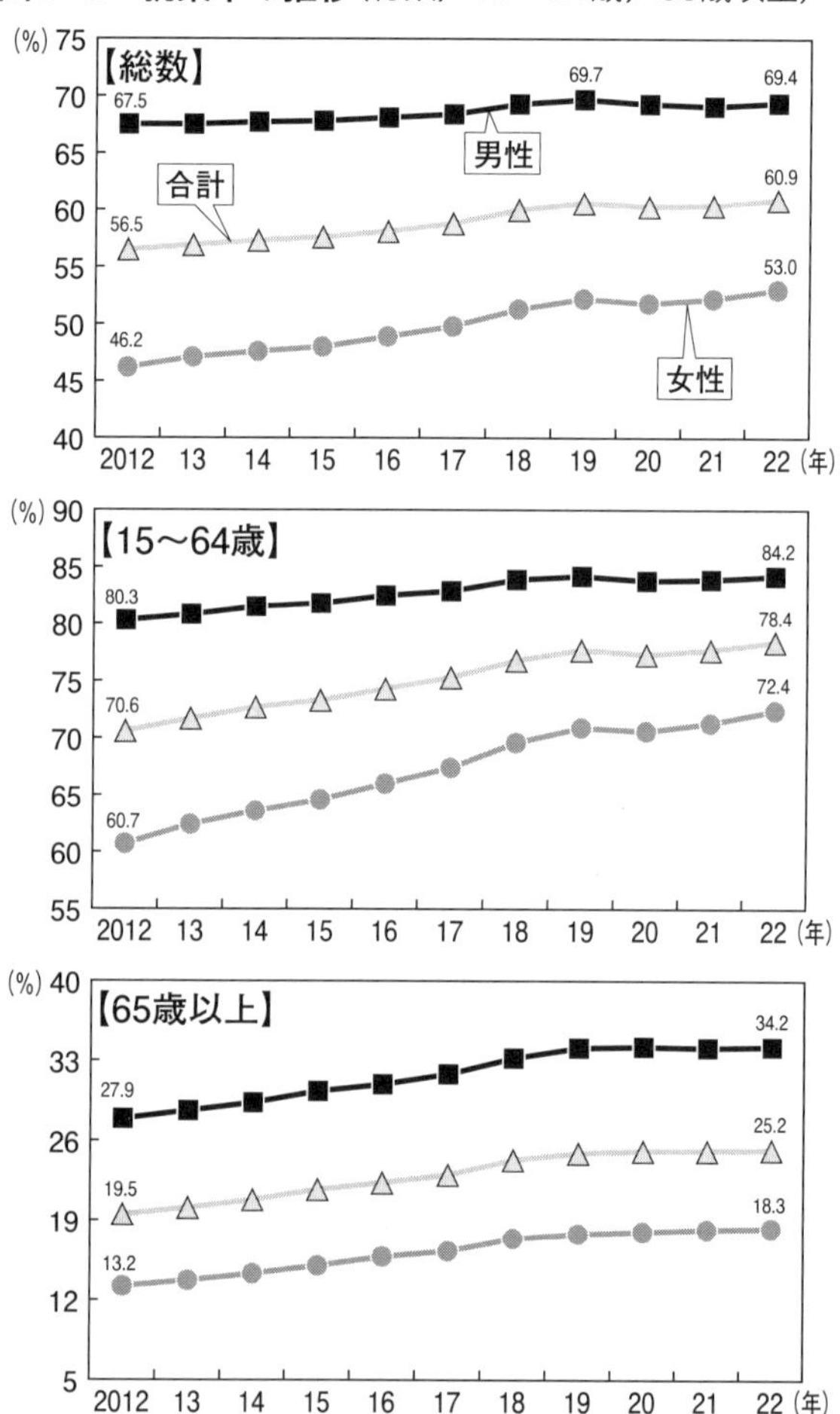

就業率は、15歳以上人口に占める就業者の割合。2022年の男女合計平均は60.9％で、前年に比べ0.5ポイントの上昇。男女別に見ても、前年に比べて男性は0.3ポイント、女性は0.8ポイント上昇している。
［出所：総務省統計局］

歳の就業率は78・4％で、女性は72・4％ですが（男性は84・2％）、その「働く女性」の5割以上が、非正規雇用者です。

パート・アルバイト・有期契約・嘱託社員・派遣社員など、様々な形態がある「非正規雇用者」ですが、平均年収は決して高くありません。国税庁の「民間給与実態統計調査」（令和3年版）によると、非正規雇用者全体の平均年収は198万円（正規雇用者全体の平均年収は508万円）ですが、そのうち男性は平均年収267万円（正社員は545万円）に対し、女性の非正規雇用者の平均年収は162万円（正社員は302万円）です。この数字は決して現代日本社会で生活する上で十分な金額とは言えません。

1986年に施行された男女雇用機会均等法で、正社員として働く女性は増え、「おひとりさま」人生を選択できる女性は増えました。しかし、同時に雇用が不安定な非正規雇用者も、これ以降増加していくのです。男女雇用機会均等法施行と同年にスタートした労働者派遣法は、当初の「一部の限られた技能を持つ13業務」から、1996年には「26業務」に拡大し、1999年には「26業務以外も可能」になりました。従来の日本型雇用では、若い女性たちも正社員として企業は雇用してきましたが、そうした職能は派遣社員な

図3-4　正規雇用労働者と非正規雇用労働者の賃金比較（時給ベース）

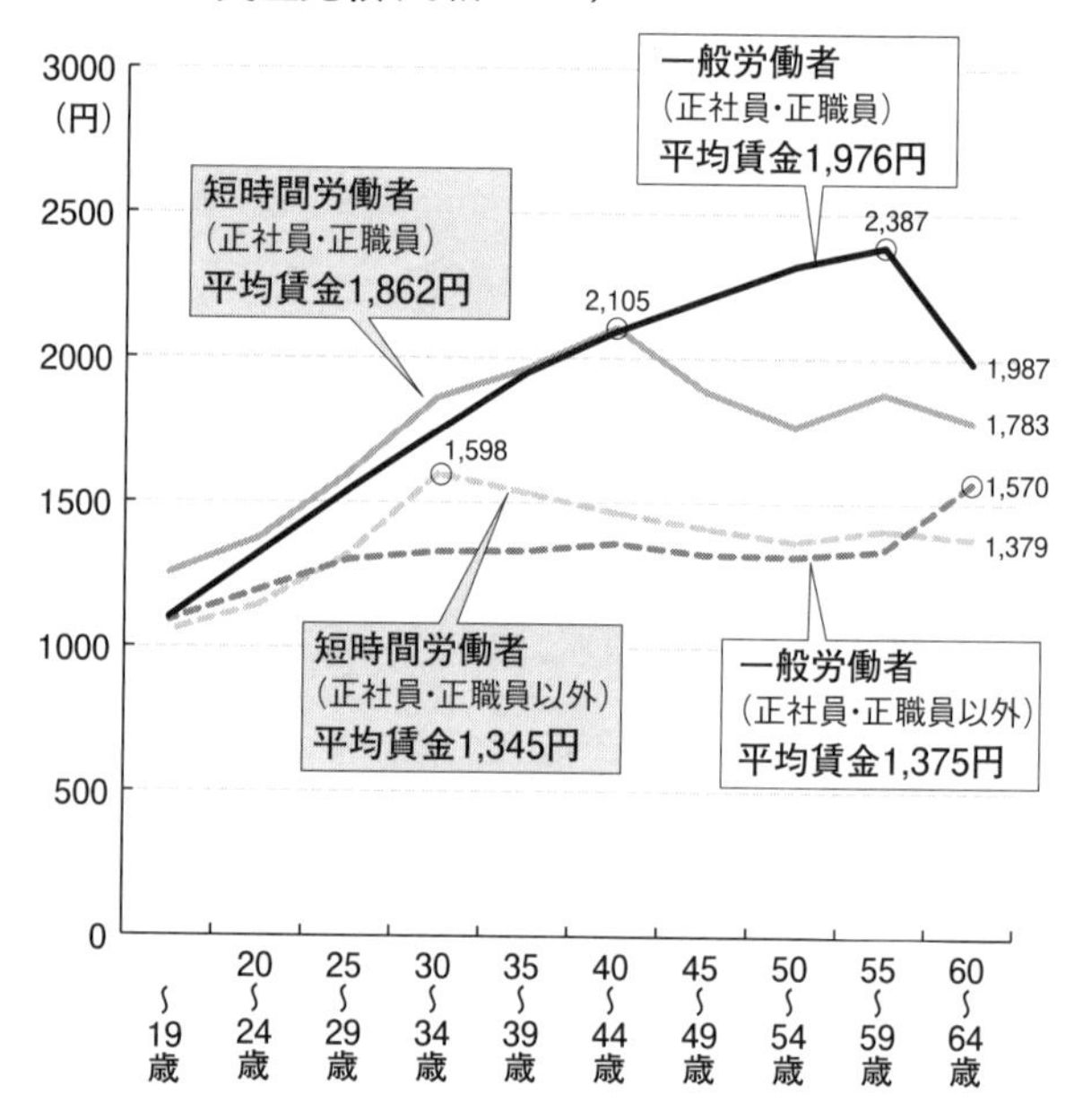

2022年6月分の所定内給与額で比較。ただし、一部の労働者（特に短時間労働者）の賃金は、所定内実労働時間数の長短により大きな影響を受ける場合がある。[出所：厚生労働省]

図3-5　平均給与及び対前年伸び率の推移

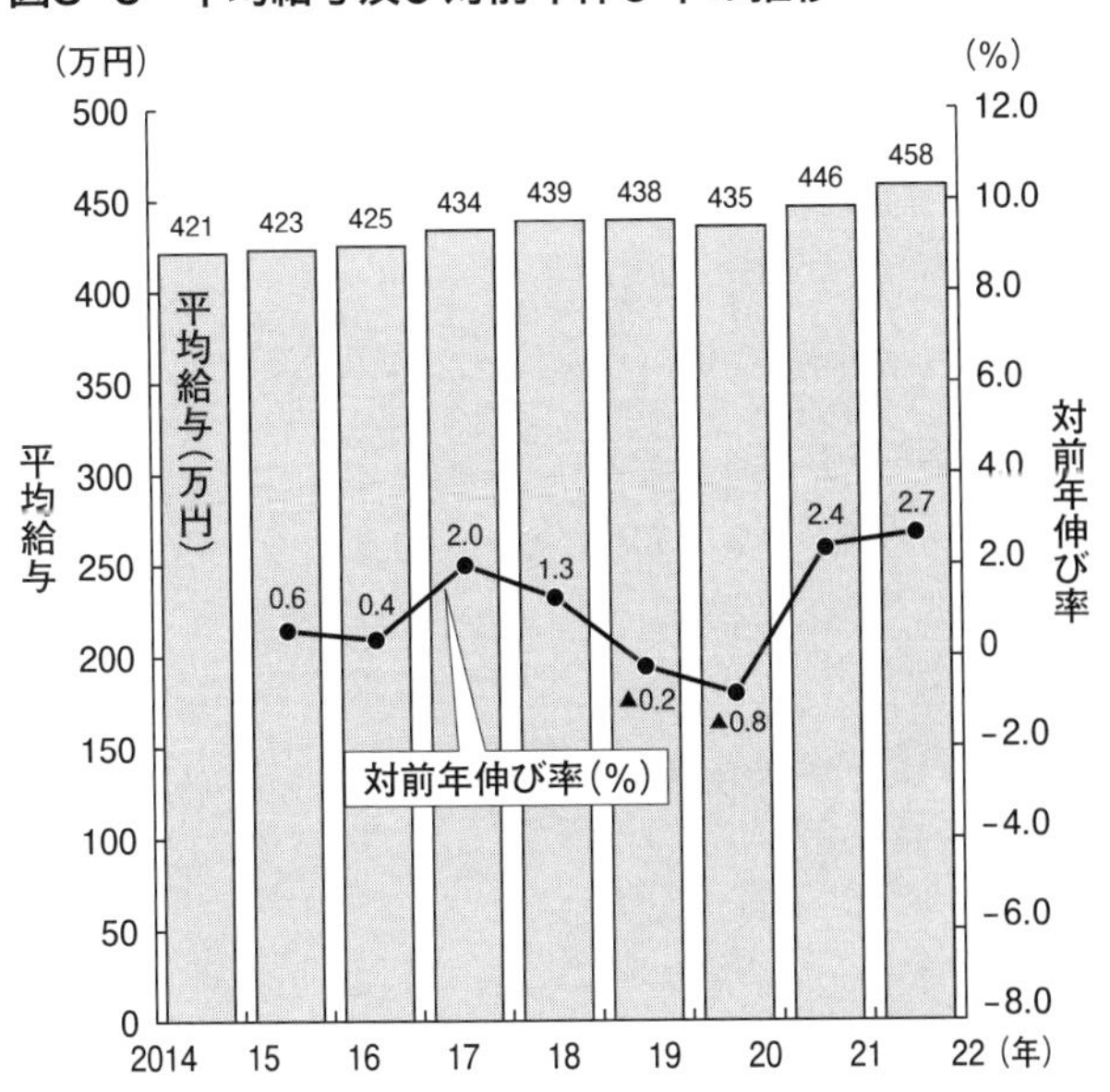

2022年の給与所得者数は、5078万人（対前年比1.2%減、60万人の減少）で、1人当たりの平均給与は458万円（対前年比2.7%増、11万9000円の増加）となっている。［出所：国税庁長官官房］

どでも代替可能でした（もっともそれまで正規雇用されてきた女性たちも、20代半ば頃には寿退社することが暗に求められていましたが）。

2000年以降に、非正規雇用者が続々と生まれるのと時を同じくして、日本社会において格差が広がり始めました。企業から、「期間限定」「いつでも契約を切れる」安易さを理由に非正規雇用された若者たちは、目の前の「単純作業」をこなすだけの日々で、「仕事上のステップアップ」や「ボーナスや福利厚生」もなく「給与アップ」も「昇進」もないまま、人生でひとところに留まり続ける長期の足踏みを余儀なくされたのです。その中には大量の女性たちもいました。

本来なら、近代社会になり、仕事を持つ女性が増えることで、日本でも「親や夫に依存しない人生」を選ぶ女性が増えるはずでした。しかし、日本経済の停滞と同時に広がったこの**非正規雇用という〝新しい雇用形態〟が多くの若者の人生設計を狂わした**、と述べたら言いすぎでしょうか。

欧米でも「職の二極化」が起こり収入格差が広がりましたが、欧米ではそれ以前からすでに女性の社会進出が当然のこととなっていました。しかし日本では、男女雇用機会均等法で正社員で働き続ける道が開けたのと同時期に非正規雇用化が進んだのは、皮肉としか言いようがありません。

男性の非正規雇用者は、「自分の所得では妻子を養うことはできない」と自信と希望を失い、女性の非正規雇用者は、「やはり夫は正社員でないと、将来において生活がままならない」実感を強め、より人生が豊かになる「結婚」でなければ、しない方がマシだと思うようになりました。結果として、「未婚」状態に置かれる若者が増大していったのです。

未婚が示す経済的な社会課題

「おひとりさま」は、精神的自立と経済的自立が不可欠であることをここまで述べてきました。では、この二つの要素のどちらか、あるいは両方が得られない未婚者はどうなるでしょう。

未婚で親と同居していても、経済的・精神的に自立している場合は、「親と同居している」とシンプルに言うことができます。しかし、「仕事」は持っていても、稼いだ額の大半を自分の趣味や成長のために使い、基本的な食費や住居費・ガス・電気・水道代などを親頼みにし、さらに炊事洗濯など身の回りの家事の多くも親に依存している場合は、「パラサイト・シングル」と私は定義してきました。

「パラサイト・シングル」は、精神的基盤と経済的基盤の多くを親に依存して生活しています。それを可能にしたのは、主に団塊の世代を中心とした親世代の特殊事情がありました。この世代には、成人後も子の面倒を見る「経済的ゆとり」があり、かつ我が子に対する「献身的愛情」がありました。これは他の世代は、仮に望んでも得られなかったものです。特に重要なのが前者です。「子への献身的愛情」があっても、先立つものがなければ否が応でも子どもを自立させせないとなりませんが、団塊の世代はそれが可能だったのです。

戦後の経済復興の中で、「今日よりは明日、明日よりは明後日」と豊かに成長していく時代を肌感覚で経験してきたこの世代は、子どもにより良い生活空間や環境を与え続けることができました。自分たち自身が幼い頃は、テレビや冷蔵庫もない暮らしを経験してきたのに、我が子に対してはテレビも冷蔵庫も、ましてや自家用車もある生活を準備できる。それどころか自宅には子ども専用の部屋を備え、複数の習い事をさせ、お小遣いやお年玉やクリスマスプレゼントまで与えることができました。ボーナスが出れば、季節ごとの家族旅行を楽しめ、生活レベルの向上を家族皆で実感できたのが、この時代でした。

もちろん個人差、家庭差はあったでしょう。当時も生活困窮世帯は存在しました。でも、社会全体が好景気に沸いている時代には、仮にどんなに貧しくても、「これから生活が良くなるだろう」と希望を抱けるものです。仮に現在お金がなくて貧しくても、5年後、10年後はそうとは限りません。給料は年々上がっていくし、頑張って子どもを育てていけば、我が子は少なくとも自分よりは良い生活を送れるはずだと「夢」を描くことができたのです。

しかし、そうした親の愛を一身に背負って育った団塊の世代ジュニアが大人になった頃、日本経済は長引く停滞時期に突入しました。親が与えてくれた豊かさを、今度は自分自身の手でつかまなくてはならない社会人としての始まりの時期。そんな大事な時期に、就職氷河期が始まったのです。しかもその責任は、社会のせいというよりは、とことん自己責任論で語られるようになりました。「フリーターや非正規雇用を目指すのは、責任を負いたくない若者の身勝手な事情だろう」と。

そんな我が子を、豊かさを経験してきた親世代は、突き放すことができませんでした。

本来自立すべき成人後も、「あともう少し家にいていいよ」と、自宅に住む（寄生）することを許してしまったのです。せめてそこでしっかりと家賃相当分や家事労働分の支払いを要求していればともかく、これまで至れり尽くせりで家事も掃除も洗濯も面倒を見てきた親たちは、そのまま我が子の家事労働を請け負い続けてしまったのです。

大学卒業時に正社員就職ができず、とりあえずアルバイトや非正規雇用で社会人をスタートした時点では、親も子も「当面の間だけ」と思ったかもしれません。しかし実際には、非正規で社会人をスタートさせた世代が、その後正社員として人生のステップアップを望むことはほとんど不可能であったことは、今では周知の事実です。「あと少し、家にいていいよ」「今は不況だから、独身も仕方ないね」と温かい目で見守ってきた子世代が今、壮年となり、中年となり、大量の「未婚者」になっています。厳密に言えば、「壮年親同居未婚者」です。最近では「子ども部屋おじさん」「子ども部屋おばさん」なる言葉まで生まれています。

同時に日本では、大量の「引きこもり」も存在します。かつて「未婚の若者」だったのが、「未婚の壮年」「未婚の中年」となったのと同じように、かつて「中高生」の問題だった「引きこもり」は若者の問題となり、今では「壮年・中年の引きこもり」へと移行しています。中には親の年金頼みで高齢の親にパラサイトしてきた「中年引きこもり」が、親の介護が必要な年齢になり、途方に暮れるケースもあります。社会全体の歯車が狂い始める「8050問題」です。

内閣府が22年11月に行った調査によると、「趣味の用事の時だけ外出する」「自室からほとんど出ない」状態が6カ月以上続いている「引きこもり」状態の人（15歳から64歳まで）は、推計146万人もいる実態も見えてきました。

もちろんここで、「未婚」と「引きこもり」を乱暴につなぎ合わせるつもりは毛頭ありません。ただ、**「おひとりさま」にしろ「パラサイト・シングル」にしろ「引きこもり」にしろ、「未婚」問題が極めて日本独特の社会現象になっている**ことに注目したいのです。

また「パラサイト・シングル」や増える「中年引きこもり」に関して言えば、その根底には「成人になっても子を独立させない（できない）日本独自の親子関係」が、ある種の要因になっていることを確認し、かつ「成人しても子が独立できない」理由の多くの部分で、経済的困窮が関係しているのであれば、それは広く日本社会全体の課題として考える必要があることを強調したいのです。

具体的には、現代社会の産業が製造業からサービス産業・ＩＴ産業にシフトしていく中で、働き方が根本から変わっているにもかかわらず、相変わらず「新卒一括採用」と「終身雇用制」に固執してきた企業と政府の責任でもあります。新卒時に正社員になれなくても、本人の意欲次第でいつでも再チャレンジが可能な社会にすること、正社員と非正規社員のかけ離れた条件を是正すること、仮に非正規やアルバイトであっても、「家族」に頼らず「個人」が生活していける仕組みを整え、社会的セーフティネットを強化すること、リスキリングやリカレント教育に社会全体で取り組むことなど、できることはたくさんあるはずです。

「結婚するメリットって何だっけ？」

ここまで述べてきた通り、「未婚」と一口に言ってもその状況は様々です。「おひとりさま」になるのか、「実家同居」になるのか、または「パラサイト・シングル」になるのか

「経済的自立」と「精神的自立」という分岐が最も無視できない要因となるのは、共通して言えることでしょう。

繰り返しになりますが、既婚と未婚の善し悪しを比べているのではありません。手垢がついた表現になりますが、「独身貴族」という言葉もあります。正直、現代日本で「今を豊かに生きる」ためには、「しっかり稼いで自分ひとりで消費する」のが、一番贅沢に過ごせると言えなくもないのです。

仮に年収500万円を稼ぐ男性がいたとして、それをひとりで消費できる独身貴族生活と、「妻と子ども2人」を養い、4人家族で消費する生活とでは、当然前者の方が「経済的」には豊かに生活できます。住みたいエリアに住み、食べたいものを食べ、着たいものを着て、趣味も娯楽も我慢せず、なおかつ貯蓄もできるでしょう。でも同じ500万円で家族4人が暮らすとなれば、家族のために購入したマンションや戸建て住宅のローンを払い続け、4人分の食費と光熱費を捻出し、保険に加入し、高額化する教育費にお金をかけ続ける毎日では、自分の好きな服や趣味に回すお金はごくわずかになるでしょうし、貯蓄や投資などの余裕はほとんどないかもしれません。つまり、単に経済的観点から見れば、「結婚のメリット」は少しも高くないのです。そして、育った子が自分の面倒を見てくれるどころか、成人後もパラサイトされて生活の面倒を見続けるリスクと隣り合わせです。

女性の場合はどうでしょう。仮に年収500万円を稼ぐ女性がいた場合、男性とはまた少し事情が異なってきます。相手も同程度に稼ぐ男性と結婚すれば、年収はシンプルに2倍になり、いわゆるパワーカップル家庭として「経済的」にも「結婚のメリット」はあるかもしれません。ただ、子どもを持つとなると、男性とはまた別の問題が生じてきます。

日本企業の大部分はいまだに、**「働く男性＋専業主婦の妻」という大前提で職場環境を維持**しています。「女性活躍」「ジェンダー平等」といくら口では言ったとしても、日本の企業戦士たち（既婚男性）が毎日深夜まで働き長期のバカンスも取らずに出世を目指せるのは、家で家事全般をこなし、育児を担ってくれる伴侶の存在があるからなのです。

しかし、同じことを女性が目指したらどうなるでしょう。つまり朝から晩まで時間を気にせず働き、残業も厭わず、休日出勤もして、会社への貢献と、昇進と、自らの成長を全力で目指し続けたとしたら……。

特に、課長クラスの「中間管理職」の状況はたいへんです。収入はそれほど増えないのに上に気を使い、部下に突き上げられ、休む暇もありません。日本でも、ワークライフバランスや育児休業などが言われていますが、それも、平社員まで。日本で女性管理職の割合が少ないのも、この中間管理職を会社が「働かせ放題」だからではないでしょうか。

現在の日本社会で、女性がキャリアの仕事と同時に数人の子育てをすることは不可能ではないかもしれませんが、相当の覚悟と労力とコストがかかってくるはずです。男性が自分に代わって専業主夫をしてくれたり、完全に家事育児を折半できたり、子育てを頼める父母が近くにいたり、あるいは香港やシンガポールのように家事代行サービスをフルタイムでやってくれるメイドさんがいれば話は変わってきますが、仕事にフルコミットしてキャリアを目指しながらの「結婚・育児」の選択は、今の日本社会では至難の業であることは否めません。「出世」か「子育て」か。残念ながら、多くの日本女性は、いまだこのレベルで足踏みをしているのが現状です。

では、非正規雇用者など低所得層はどうでしょう。年収250万円程度の男性が家庭を持ち、専業主婦と複数の子どもを養う。これも、現実的には厳しいケースです。実際、妻も働きダブルインカムにならないことには、子どもを持つという選択ができない。となると、それ以前に「結婚」自体のハードルも高いままです。

「結婚するメリットって何だっけ？」

結局のところ、こうした根本的な問いに、現代日本人は陥っているのではないでしょうか。

「結婚＝イエのため」のものとして、有無を言わさず「万人がするもの」という縛りが解けた近代社会において、昭和時代までは「結婚＝生活を豊かにするため」というメリットが存在しました。人口が増加して多くの家族がぎりぎりの生活をしていた時代には、実家に「パラサイト」したり、「引きこもり」をしたりもできません。どれほど収入が低くても「ひとりよりは結婚して二人」の方が、男女共により安定した生活を望めたのです。

しかしながら今、「結婚しなくても、頼れる実家がある」若者にとって、「結婚」のメリットとは何でしょう。しかも「今貧しければ、将来も貧しいまま」が容易に想像できる社会で、どうして「結婚」をあえて望むでしょうか。しかも、家庭を新たに築くことが将来にわたりさらに経済的なリスクを負うことが予想される今日の社会においては、ますます

「結婚」のインセンティブは低下していくのです。

格差社会の縮図となる結婚

すると、こんな声も聞こえてきそうです。

「結婚したくない人々に、『結婚』をむりやり勧めなくてもいいんじゃない？」

たとえ「未婚」だとしても、その状態に不満足なわけでもないんだろう、と。

ですが、ここに次のようなデータが存在するのです。

厚生労働省の国立社会保障・人口問題研究所が、18～34歳の未婚者に実施した調査です。それによると、男性未婚者の81・4％、女性未婚者の84・3％が、「いずれ結婚するつもり」と答えています（2021年実施）。今なお「独身でいる理由」の最多は、「適当な相手にまだ巡り合わないから」（24～34歳の男女）であり、次いで多い理由が「結婚する必要性を感じないから」「結婚資金が足りないから」なのです。

つまり若年「未婚」者の8割以上が、実際は「結婚」を望んでいるのです。彼らは自ら未婚を選んでいるわけではなく、結果的に未婚に<u>なってしまっている</u>のです。この母数には既婚者が含まれていないので、結婚した同年齢の人数を加えれば、今でも9割以上の若者が結婚を望んだということになります。

「適当な相手」が見つかり、「結婚する必要性を実感」すれば、そして「結婚資金・生活資金が十分にあれば」、彼らはいつでも「結婚したい」のです。でも、その状況がなかなか手に入らない。現在同居中の父母が面倒を見てくれる便利で安心な生活を放棄してでも「結婚したい」と思える相手に巡り合わないし、結婚してやっていけると確信が持てるような経済的基盤も得られない。だから結婚しない。それが、日本の「未婚社会」の実態です。

ちなみに「未婚者」の内訳を、男女別・学歴別で見てみると、意外な事実も判明します。男性の場合は、「大卒以上」の学歴者は結婚しやすく（未婚率が低い）、最終学歴が高卒以下は、結婚しにくい（未婚率が高い）。これは案外、想像しやすいかもしれません。かつての婚活市場では女性たちが求める男性像を「三高」と表現しました。「高身長・高学歴・高収入」です。「高学歴」は、「高収入」な就職を実現できる確率を高めますから、学歴が結婚に有利に働くのは想定内とも言えます。

ところが、女性の場合は、「高学歴」はむしろデメリットになる傾向が知られています。女性で結婚しやすい（未婚率が低い）のは「短大・高専」出身者か、「高卒」。大卒以上になると、結婚しにくくなる（未婚率が高くなる）事実には、少々驚かされます。ただしその差は、30年前に比べれば相当縮まっていますが。

昭和時代にはまだ、「女が学歴をつけてどうする」「嫁に行けなくなるぞ」などの偏見に満ちた発言も見られましたが、令和の時代において男女が大学進学を目指すのは、特に都会ではごく普通の光景です。まだ差があるとはいえ、女性の大学進学率も男性に追いつくところまで来ています。ところが実際には、「高学歴の女性は結婚しにくい」現実がある。これは欧米先進国でも珍しい現象ですが、その理由は何なのでしょう。

第一の理由は、男性の心理的な側面かもしれません。「高学歴・高収入の女性＝結婚したい相手」とは思いづらい、というもの。かつての男尊女卑的考えが薄れているとはいえ、いまだに「自分より学歴が上（高所得）の女性と付き合いたい」と望む男性は少ないのです。プライドの問題、引け目を感じるなどの心理もあるのでしょう。もちろんそうした固定観念から解放され、フラットに物事を見られる男性も多いでしょうし、「自分より収入が高いなら、自分は楽できてラッキー」と考える男性もいます。

ただし付け加えるなら、女性の場合、必ずしも「四大卒・大学院卒＝高収入の仕事に就ける」とも限りません。今から10年ほど前のことですが、海外でバリバリ働いている女性から、こんな実体験を聞きました。ある時期、日本への帰国を望み、中途採用を募集するいくつかの日本企業に応募した彼女は、書類選考ですべて落ちてしまったそうなのです。

「アメリカでは優位に働いてきた学歴が、ひょっとしたら日本では反対の印象を与えているのではないか……」

そう考えて、次から最終学歴の「大学院博士課程修了」を伏せて応募したところ、何社からも連絡が来たそうです。「あなたの海外経験を買いたい」、というわけです。「皮肉ですね」と彼女は苦笑していました。

あるいは日本で経営大学院を卒業して正社員で働いていた女性も、起業するまでのつなぎとして残業のない仕事を望んで派遣会社に登録したところ、全く依頼が来なかったそうです。ところが派遣会社の助言に従い、学歴欄を「大学院」ではなく「大学卒業」にしたところ、すぐに派遣先が決まったと言います。

新卒一括採用に固執する日本企業は、採用する人材に、無垢なフレッシュさを求めています。女性ならばなおさら、意欲的な野心や経験は不要なのでしょう。それは「結婚相手」に対しても同様で、多様な経験やチャレンジ精神は女性には求められず、むしろ一緒にいる男性が気後れしてしまう……ということなのでしょうか。

だからと言って、婚活市場であぶれがちな「高卒以下男性」と「大卒以上女性」をマッチングすればうまくいくかといえば、残念ながらそうではない。「結婚したい」という目的は、双方共に同一です。もしかしたら「結婚」で必要な「経済的安定性」も、この両者なら互いにメリットを得られるかもしれません。「低学歴・低所得」男性と、「高学歴・高収入」女性が結婚すれば、両者合わせてほどほどの所得に落ち着くでしょうし、もしかしたら男性が専業主夫となって、女性を支えるかもしれません。実際に、長寿バラエティ番組『新婚さんいらっしゃい！』（1971年～）でも、そのような夫婦が登場したことが何度もあります。

でも、それは「結婚」のリアルを直視しない妄想に近い想像かもしれません。いくら「経済的安定性」というメリットが一致しても、両者の時間の過ごし方や人生の価値観などは、一致しない可能性が高いからです。

読む本や娯楽時間の過ごし方、ファッションや描く家庭像においても、互いのビジョンは異なる確率が高い、それは格差社会が進んだ日本社会における宿命とも言えるでしょう。現代日本では、もはや学歴は本人の努力だけの問題ではなくなってきています。

高学歴の若者は、同じく高学歴の親の元、両親が周到に用意した成育環境で育っています。幼い頃から多様な習い事や塾通いを重ね、私立高校・私立中学、場合によっては私立（国立）小学校からエリートコースを歩んできた若者と、低所得の家庭の子が育ってきた環境や価値観、趣味は、おそらくかなり異なっているはずなのです。それぞれの成育環境が固定化され、世代を超えて受け継がれていく社会が、現代日本の「格差社会」の本質です。日本人はまさに今、**富める者と貧しい者との二極化・固定化社会を生きており、その縮図が婚活現場において表れている**のです。

「結婚の純化」を阻む三つのハードル

日本人の「結婚」で求められているのは「愛情」＋「経済的安定性」であることを、私たちは前章で確認しました。さらに、後者の「経済的安定性」を日本の今の経済状況で獲得することは難しく、それゆえに日本が未婚社会になっているのではないかということも見てきました。

では、残る「愛情」はどうでしょう。

欧米では、人々は「結婚＝愛情」に主眼を置き、「経済的安定性」を捨てることで、いわば「恋愛至上主義的結婚」を達成してきました。すなわち「結婚の純化」です。「好きならば結婚する」「好きでなくなれば別れる」、そんなシンプルな選択をする人が増えたのです（欧米では「結婚」という選択をせず、同棲やパートナー制を選ぶ人も多いですが、「未婚社会」日本は、結婚以前に恋愛すらしない若者も増えています）。

日本社会にも今後、欧米のようなルートで「結婚の純化」が起きる可能性はあるのでしょうか。

率直に言って、それは難しいと思われます。日本社会で「結婚の純化」が起きるためには、克服すべき三つのハードルが存在すると私は考えています。一つ目のハードルはすでに第2章で少し述べました。欧米で「結婚の純化」が可能だった理由の一つが、国家が「家族単位」ではなく「個人単位」で、社会保障制度を設計してきたからです。本人の所得が低くても、そのセーフティネットは「家族」ではなく「社会」「国家」が担います。シングルマザーでも、まずは頼るのは親・きょうだいではなく、「社会制度」です。誰と結婚しようが離婚しようが、未婚のままであろうが、未婚の母になろうが、「経済的安定性」は別問題で、そこは最悪のリスクを回避することができる。要するに、結婚して子どもを持ったら最後、人生詰んでしまう……という恐れがないので、人は自らの「好き」という感情に従って人生の選択ができるのです。

そうした社会福祉的整備は、いまだ日本では実現していません。生活保護もまずは面倒を見る「家族」がいるかいないかが真っ先に問われる日本で、未婚の母ともなれば、親子共に貧困層に真っ逆さまに落ちかねません。日本社会では、政府や社会制度が人々のセーフティネットになる以前に、「家族」が一番のセーフティネットとして期待されているのです。

そうなると、**「個人」の感情だけでやすやすと「結婚」という人生の重大事を決めること
はできないと若者が考える**ようになっても、少しも不思議はありません。

さらに日本では、結婚は「親族の結びつきである」という意識が根強く残っています。結婚すれば義理の家族の面倒も見なくてはならなくなるかもしれない、そう思えば、結婚に慎重になるのも致し方ありません。

さて、日本で「結婚の純化」が起きない二つ目の理由は、「個人化」の問題で、三つ目は日本社会特有の「世間体」の問題ですが、これらを順番に見ていきましょう。

多様な選択肢に疲弊する「個人化社会」

第2章で、「個人化」の話もしましたが、社会学における「個人化」とは、単純に「個人主義の時代になった」という意味ではありません。「個人がわがままになった」という意味でもありません。

「個人化」とは、個人における選択肢が増えること、そして増えた選択肢の結果起きるリスクを、選び取った本人が受容しなくてはならない状態を指します。

現代社会は個人の権利が拡大し、様々な「選択肢の自由」が生まれました。それは一見良いことのように見えて、ある種の危険性と常に背中合わせのリスクも生み出しました。子どもが親の職業を自動的に継がなくてはならなかった時代には、人生の大部分が「想定内」のうちに進みました。親や祖父母が歩んできた道を、自分も歩けばよかったからです。しかし、職業を自分自身で選ぶようになると、「予想外の困難」や「想像もしなかった結果」が、我が身に降りかかるかもしれません。

「学業」も「職業」も、「結婚」も「未婚」も「離婚」も「結婚相手」も、すべて自分で選べる自由。それは嬉しいことのように見えて、同時に怖いことでもあります。その結果を誰のせいにもできないからです。そうなると**幸せすらも、そのすべてが自分自身の選択の結果**になってきます。選択がたまたまうまくいけば「幸せな人生」となり、失敗すれば「それを選んだのはあなたでしょう」と言われる恐怖。その責任の大きさに、現代人はすでに疲れ始めています。

中学生は進学高校を、高校生は進学大学を、大学生は就職先を、就職してからは結婚相手を、結婚後はこの結婚生活を維持するか否かを、常に選び続ける人生。選択の機会は無数にあり、選択肢も膨大な中から自分で選び取らなければいけません。さらには「終活」という言葉もでき、人生の最後まで選択が突きつけられる時代になりました。葬儀の仕方からお墓のスタイルまで、自分で決めなくてはいけない世の中になったのです。

「果たして自分の選択はこれで合っていたのだろうか」「結婚相手はこの人で正解だったのだろうか」「もっと他に良い人がいたのではないか」と、自問自答は繰り返されます。

「親が決めたのだから、仕方ない」と諦めることができず、「選ぶこと」に疲れ切った現代の子どもたちの中には、幼くして「結婚相手くらいはお母さんに選んでもらいたい」と頼んでくる子もいると聞きます。

「結婚」も弱肉強食の戦国時代へ

「個人化」する若者の悩みは、「選び続けることに疲れる」だけではありません。

「自分に選ぶ権利がある」ということは、すなわち「相手にも選ぶ権利がある」ということです。恋愛や結婚においても、新自由主義の原理原則が働くようになったのです。

逆説的ですが、前近代社会での日本では、自分自身も自由を拘束され不自由を感じてきたものの、同時に相手のことを縛ることができました。大恋愛の末というわけでもない結婚でも、よほどの不具合が生じない限りは、自分も離婚できない代わりに、相手からも「離婚してくれ」と言われる心配はありません。「結婚」「家族」の枠組みは、良くも悪くも個人の意思を超えたところで決められ、強固な枠組みとして、個人と個人をつなぎ合わせる機能を担ってきたのです。ところが今や、その「つなぎ」の機能は弱まりました。「結婚」も「離婚」も「独身」も、いつでも解消は可能で、いつでも人は「選ぶ」ことができるのです。

ところが先述の通り、自分が「選べる」ということは、相手にも「選ぶ権利がある」。そうなると、「自分は相手を選んだのに、肝心の相手から自分が選ばれない」というようなことが往々にして起きるようになります。

しかも、かつてのイエ同士の結婚ならば、自分が選ばれなかったのは、自分のせいではないと思うことができました。かつての「結婚」は、そのシステム上、個人のスペックはさほど重視されなかったからです。もちろん若くして頭角を現した男性や、周囲を圧倒するほどの美貌を持った女性ならば、そのスペックで一発逆点の玉の輿……などもあり得たかもしれませんが、基本的に「結婚」で最重要視されたのは、「家柄のつりあい」です。個々人の顔の良さや身長、性格や学歴、人柄などの個性は二の次で、「イエとイエのバランス」が最優先されたのです。そうなると「結婚」の成否のカギは、個人の努力の範疇外になってきます。どのような家に生まれるかは、個人の努力ではいかんともしがたく、自分の責任ではありません。

しかしながら、現在はどうでしょう。「結婚」が個人の選択に委ねられた結果、その成否は限りなく個人の努力や才能、生まれ持っての容姿やそれを磨く習慣、人柄や学歴などに大きく左右されるようになりました。「結婚できるか／できないか」「相手から選ばれるか／選ばれないか」は、「自分のあずかり知らぬ次元のこと」と涼しい顔をしてはいられない、いや、いられなくなったのです。

その結果、**本来最も「競争から遠い」という幻想に守られていた「恋愛」「結婚」フィールドでも、「勝ち組」「負け組」に人々は二極化**していきました。「個人の欲望」対「他者の欲望」がぶつかる戦場が婚活市場です。そうなると結局は、「市場における個人の力が強い者（ハイスペック）」が勝者となっていきます。

ちなみに婚活市場で闘う一番の武器は、「経済力」と「(性的)魅力」です。しかも今となっては多くの場合、両者を兼ね備えていないと、婚活市場の勝者とはなれません。男性は「稼ぐ力」と「性的魅力(イケメン)」、さらに最近では「家事育児を分担してくれる優しさ」などの生活上の魅力が求められています。一方の女性も「専業主婦になる気満々」より「自分でも働く能力や姿勢」が求められ、かつ「感じの良さ」「優しさ」や「可愛らしさ」を求められます。

ただし、本人や周囲が思うほど、「経済力」と「魅力」は個人の努力だけでは身につかないというのが、難しいところです。親の所得や家柄が、子の「経済力」や「魅力」までをも大きく左右することは、今ではだいぶ知られるようになりました。「経済力」の高い人間は「魅力」さえも大いに身にまとっている確率が高い事実も、様々なデータで明らかになっています。

でも、考えてみれば、それも当然のことかもしれません。所得の高い両親のもとに生まれた子どもは、幼少期から栄養バランスの良い食事をし、運動系の習い事やアウトドアで適切な運動も重ね、多様な稽古事で美しい所作や行儀作法を習得していきます。身につける衣服は常に清潔で、ＴＰＯもわきまえており、美容室も定期的に通い、魅力的な容姿に近づくはずです。加えて幼少期から接してきた大人たちは、同様の経済レベルの人間が多く、ゆえなく一方的に怒鳴りつけたりすることもなく、丁寧に接してくれたでしょう。そんな環境下で生きてきた人間はたいがい鷹揚（おうよう）に育ちますし、他者に対しても余裕のある振る舞いができます。

ある結婚相談所が、容姿と経済力の関係を調査したところ、男女共に収入が高い人ほど容姿が魅力的だと判定された、という結果もあります（調査結果非公開）。

その逆はどうでしょう。中国の儒者、孟子の言葉に「恒産なくして恒心なし」というものがあります。「経済的に安定していないと、道徳心が生まれない」という意味です。もちろん所得の低い家庭の子どもには道徳心が育たないと言いたいわけではありません。金持ちの人間は道徳心があると言うつもりも毛頭ありません。

しかし、「生活の安定」がない中で、３６５日心晴れやかに他人に感じよく接せられる人はどれほどいるでしょう。昨今の虐待事件の増加の背後には、子育て世帯の貧困化が潜んでいます。不安定な経済状態が、人々の精神状態や見た目にも影響を及ぼすのであれば、婚活市場の最大の武器である「経済力」と「魅力」の両方において、格差社会の縮図が表れているとしても不思議ではありません。

いずれにせよ「個人化の時代」では、「個人の力が強い者」が強者になる。そんな事実を踏まえた上で、婚活現場ではどのようなスペックが実際に「結婚強者」となっているのかを、少々覗いてみることにしましょう。

「美しい」はむしろ結婚に不利？

ちなみに「婚活」という言葉は、2007年にジャーナリストの白河桃子さんとの対談の中で生まれました。そして共著『「婚活」時代』（ディスカヴァー携書）で広まっていきます。もはや昭和時代のように、待っていても「結婚」は降ってこない。就職活動のように自ら行動を起こさなくては結婚できない時代になった、ということを申し上げたかったわけですが、そんな「婚活」ワードの〝生みの親〟たる私でも、リアルな現場で起きていることは驚きの連続です。

例えば、婚活市場においては、どのような人が結婚に結びつきやすいか。もちろん一定の傾向は存在します。前述の通り、「高身長・高学歴・高収入」の男性はやはり人気です。『「婚活」時代』で白河さんと私は、「女性もこれからは男性に経済的に依存するのではなく、自ら働いて自立することで、夫婦二人で生きていく覚悟が必要だ」と述べたかったのですが、実際には、「専業主婦を養える男性は一握りだから、急いで婚活すべきだ」という風に捉えられてしまったのが残念な限りです。その結果、上記のような男性が相変わらず人気なのですが、ただ、予想外の現象も起きていました。

それが「必ずしも美人が結婚できるとは限らない」というものです。これは予想外でした。

もちろん、パッと人目を惹く美人は、「モテ」ます。つまり男性からのアプローチ回数は多い。実際、会って話をしたいという申し込みも殺到します。ただ、いざ「結婚」となると、どうも恋愛とは事情が違うようで、なかなか成婚に至らないのです。

女性の「容姿」と「結婚」にはほとんど関連性がないことが、先に述べた調査で明らかにされています（調査結果非公開）。これはいったいどうしたことなのか。実は、研究者の間でもこの結果について議論がなされた結果、有力な仮説が三つほど挙げられています。

一つ目は「容姿が優れた女性は、相手の男性に求める基準も高い」というものです。つまり「これだけ美しい私なのだから、相手もそれなりにイケメンで、高身長で、高収入でなくてはつりあわない」と思うのかどうかはわかりませんが、そんな可能性が考えられるということです。要するに、交際や結婚を申し込まれる回数は多かったとしても、本人が「他にもっと良い人がいるはずだ」と思い込み、男性からの申し込みに対して、なかなかOKを出さない可能性が考えられます。

二つ目の仮説としては、男性側の心理として「容姿が美しいと敬遠する」というものがあります。男性にとって美しい妻は、いわゆる「トロフィーワイフ」として一つの勲章になり得ると言われます。稼ぎが良く実力派な男性ほど、自らの実力を証明する証の一つとして（すなわちトロフィーとして）美しい妻をめとりたがることは、歴史が証明しています。ただし、その現象は少なくとも現代日本社会の婚活市場においては、あまり当てはまらないようです。むしろ容姿が美しい妻は、「わがままかもしれない」「浮気をする確率が高まるかもしれない」と、男性側が思う可能性もあるのです。

この仮説を補強するデータもあります。とある民間の婚活会社の調査によると、「結婚したくない女性ナンバーワン」に、「お金をかけて綺麗になっている女性」が挙がったのです。つまり、生まれついての美しさに溢れている（と思える）女性ならいざ知らず、いかにもコストをかけてエステに通い、美容室に通い、高価なブランド物のファッションに身を包んでいる（ように見える）女性は、「結婚後も自分の見た目の維持のため、浪費をするかもしれない」と、男性側が敬遠するそうなのです。また、『美人が婚活してみたら』（とあるアラ子著／小学館クリエイティブ／2017年）というエッセイ漫画では、美人が婚活パーティに行くたびに「サクラだろう」と言われ、見合いをするたびに「物を売りつけようとしているのでは？」と疑われたという描写があります。

では、三つ目の理由は何か。実は一つ目の理由と表裏一体になりますが、「容姿がいまいちと自分で思っている女性は、早めに手を打つから」という理由が挙げられています。

婚活市場では、何人もの男女が出会いと称したマッチングを繰り返します。婚活が長引けば長引くほど、男女共により多くの出会いを経験していくわけで、そこで「自分が美しい」と思っている女性は、「よりハイスペックな男性がいるのでは」と迷うあまりに、なかなか「この人がいい」と決められません。一方、容姿に自信のない女性は早めの段階で、「容姿が優れない（と自分で思っている）私を選んでくれた人だから」と決断を下すというわけです。結果的に、容姿に自信のある女性は婚活市場に滞在し続け、自信のない女性は早々に結婚していくという仮説です。

あと、もう一点あるとすれば、男性の容姿の好みは女性に比べて多様であることが挙げられます。女性で低身長の男性を好む人は例外的ですが、男性では高身長の女性を好む人もかなりいますし、体型でもスリムな人よりふくよかな人に魅力を感じる男性も一定数いて、「ぽっちゃり婚活」というイベントもあるくらいです。

「個人化」の代償としての未婚

「容姿の優れた男性」はどうでしょう。面白いことに、こちらは女性と反対に非常に成婚率が高いのです。元来、女性が結婚相手に求める男性側のスペックの断然トップは、「高収入」でしたが、近年増えているのが「優れた容姿」です。こちらも確たる理由はわかりませんが、考えられる理由としては、「収入が仮に低くても、イケメンなら我慢できる」

とか、「格好良い男性を連れて歩くことで自慢できる」「将来生まれる子どもが可愛くなるのでは」などの理由が考えられます。

「子どものため」という理由に関しては、「身長」も無視できません。女性の場合、「身長」は成婚率と因果関係が確認できませんでしたが、男性の場合は少なくとも結婚相談サービスでは、「身長が低いと成婚率が落ちる」現実があることは、心苦しいながら追記しておきましょう。

「女性の高身長」の場合は、先ほどの「容姿」と同じく、「早めに手を打つ」そうなのです。例えば身長が170センチ以上の女性は、自分以上の身長の男性は限られてきますから、早めの段階で「この人あたりならいいだろう」と感じた時点で結婚する人も多いです。

ところが、「男性の低身長」の場合は、当の女性の好みもあるでしょうが、それ以上に、「将来生まれてくる（かもしれない）子ども」への遺伝問題がネックになるようです。将来の自分の子どもが男の子の時、低身長では可哀想という憂慮が、背の低い男性を選ぶことを躊躇させるそうなのです。これも、差別が差別を再生産する一つの例です。

これは余談ですが、「本当の身長をサバよんで登録していた事実が判明した時」の反応が、男女で真っ二つに分かれることも興味深かったです。「女性が身長のサバをよんでいた」場合（本当は168センチなのに、162センチとサバよんでいたような場合）は、男性は一瞬驚くものの、事実は事実として受け入れる傾向が見られました。

ところが、「男性がサバをよんでいた」場合（身長159センチなのに、165センチと偽っていた場合など）は、ほとんどの女性が怒りや失望などネガティブな感情を引き起こしていたのです。「実は低身長だった」事実に対する失望ではなく、「ウソをついていた」事実が、「男らしくない」「潔くない」「正直者ではない」という人格上の欠点として強調されてしまうからのようでした。

ことほどさように、結婚に関する要望・選択肢は多様化しており、さらに今ご紹介したようなわずかな要素でも、男女共に大きく考え方や価値観は異なることがわかります。**「未婚」者さえ多数集まれば、自然と「結婚」が成立する時代ではなくなった**ことが、未婚社会の難しさを表しています。

「共依存社会」日本の行く末

ここまでをまとめてみましょう。欧米のように「結婚の純化」が日本で起きにくい理由として、①「個人単位ではなく家族単位で結婚を考える日本文化」、②「選択肢が増える個人化の時代」、③「日本特有の世間体の存在」を見てきました。

本章の最後として、当事者から親たちに視点を移してみたいと思います。結婚・未婚を選ぶ本人というより、その親世代が、②と③に囚われている実態を見ていきましょう。

以前、とある30代後半の女性から、こんな身の上話を聞いたことがあります。

彼女は四年制大学を卒業した後、名のある企業に就職し、仕事を頑張りつつ「婚活」も同時並行で行っていたそうです。彼女の「結婚観」は非常に古風で、ある意味「ザ・昭和」なものでした。彼女の母親は専業主婦で、幼い頃から夫に尽くし、娘にも「やがて大手企業の勤め人と結婚して、(私のように)豊かに過ごしてほしい」と語ってきたと言います。彼女自身、その母親の価値観を受け継ぎ、大きな違和感は抱いてこなかったそうです。

むしろ「仲良し親子」として、30代になった当時も、一緒にショッピングをして、お茶をして、映画を楽しむ仲だったと言います。当然のように、彼女は独身の間は実家で暮らすことが大前提で、家に食費としていくばくかのお金を払いつつも、身の回りのことは母親が行っていたそうです。

ただ、いくら仲良し親子でも、就職氷河期をかいくぐるように就職した彼女世代と母親世代では、もはや「結婚」の常識が異なっていることはすでに十分見てきた通りです。「優しく、格好良く、有名大学出身で、現在も高収入を得ている大手企業のサラリーマン」は、もはや希少的存在です。ある意味、弱肉強食の婚活サバイバル環境で、狩人のごとき戦略と自らの強みを持った一部の女性のみが、ハンターとしてターゲットを得られるようなもの。しかも彼女は同時に「日本女性たる者、慎ましさと愛らしさを持て」と教育されてきた人です。「狩人」と「大和なでしこ」という、これまた大いに異なるベクトルを求められ、彼女は苦戦していました。そうこうするうちに月日が経ち、婚活市場でも、彼女の年齢がネックになるようになっていきました。

ところがある日、彼女は婚活市場とは異なる場所で、「好きな人」と巡り合えました。

二人でいると穏やかに時が過ごせて、幸せを感じる。そんな彼と結婚をしたいと二人で意識するようになりましたが、正直、彼のスペックは、自分の母親が求める条件をクリアしていませんでした。学歴も職歴も、母の希望とは合致しない……。結論として、彼女は家族（母親）の説得に応じて、その結婚を諦めたと言います。

今、こうした話は枚挙にいとまがありません。最近では「毒親」なる言葉も聞かれますが、決定的に精神に害をなすほどの悪意はなくても、自らの価値観を優先するために、子の価値観や意思決定に重大な影響を与えてしまう親子関係の報告や相談が相次いでいます。親としては、悪意どころか「子どもの幸せのため」と信じています。でも、その後はどうでしょう。

人生案内で、60代の母親から次のような相談がありました。20年前、娘の連れてきた結婚候補の収入が十分でないため、娘の幸せのために大反対して破談させた。しかし、その後縁がなく40代独身。「どうすればいいでしょうか」というものです。過去には戻れないので、結婚しないで大丈夫な生き方を模索すべき、という風に回答しましたが、娘のためにと思ったことが逆になることもあるのです。

「個人化の時代」は、当事者だけでなく、その親の選択肢、意志の強さも多様化させました。「これからの時代、女性も大学で学んだ方がいい」「好きな職業に就いていい」「好きな人と結婚してね」、だけどその決定の際には私も関わるわ、あなたの幸せのために……。

しかも、今の若者の親世代は、まだまだ「世間体」から解放されてはいません。仮に娘の結婚が、世間一般で許容されないものであるならば、あるいは「親戚に顔向けできない」「近所にどう言えばいいのか」という類のものならば、その「結婚」にはNGを出す……。これは子への愛情と、自らの世間体が複雑に絡み合っているからこそ、厄介です。「世間体」という自らのエゴと人からの評価を、「あなたのためを思えばこそ」という利他精神の隠れ蓑で覆ってしまう。

この世代は、もともと子どもに「人並みの幸せを味わわせてあげたい」「周囲のお友達がしている習い事に通わせてあげたい」「○○さんが△△旅行に行くから、我が家も」と、周囲と歩みを揃えることで、「成長」「豊かさ」「安心」を感じてきた世代です。

その価値観は、当然子どもの結婚にも及びます。常にロールモデルが存在し、目指すべきゴールに邁進して目標を達成してきたこの世代は、「結婚にも正解があるはず」と思い込んでいます。大抵の「努力は実を結んだ」世代にとって、「努力は必ずしも実を結ばない」世代の葛藤を理解することは容易ではありません。すでに、「多くの願望を一気に叶えられる時代」は終わった以上、「本当に大切なものだけを抽出して選ぶ」ことをしなくてはならないのに、それをさせないことの弊害は、自分自身が80代になった時、50代の我が子が「未婚」であることに改めてびっくりする瞬間が訪れます。

あくまで「我が子の幸せのために」の想いが成人したのちも子の独立を阻み、**共依存を生んでしまっている日本だからこそ、大量の「パラサイト・シングル」を生み、その数十年後、さらに大量の「生涯未婚者」を生んでいる現実**に、そろそろ私たちは気づくべきなのではないでしょうか。

第4章

「離婚」は罪ですか?

——日本の離婚のリアル

「離婚」は陽の当たる場所へ

　1970年代後半に、あるテレビドラマが話題になりました。『岸辺のアルバム』（1977年）という、2023年の年末に惜しまれつつ世を去った、山田太一さんの脚本です（私も一度対談したのが思い出です）。舞台は多摩川沿いの住宅地にある一家族。杉浦直樹さん演じる夫と、八千草薫さん演じる妻の夫婦は、一見ごく普通の円満家庭を築いていますが、実は妻が不倫をしているという当時としては衝撃的な設定です。

「何の不満もなくしとやかそうに見える妻でも、実際に心の底ではあんなに不満を抱えているのか……」

　そんな衝撃は、当時の視聴者たちの心を奪いました。理想の妻のように見える八千草薫さんは、表立って不満を表さない代わりに、竹脇無我さん演じる男性と浮気をしているのです。

　川辺に建つ立派な一軒家は、ある日多摩川の洪水で流されてしまいます。最終的には「雨降って地固まる」的に家族としての再起を願うシーンでこのドラマは終わりますが、こと結婚については、周囲からたとえ「幸福そう」に見えても決して内実はそうではないことを表したドラマでした。一見、盤石な家も外部からの圧力で一気に崩壊してしまう様が、そこで暮らす人々の「結婚生活」の脆さをも象徴する作品だったのです。

同じくフィクションドラマの変遷を追うならば、90年代には小説・ドラマ・映画で大ヒットを記録した『失楽園』(渡辺淳一著/講談社/1997年)も登場します。「家庭内別居」「家庭内離婚」が人々の関心を集め、ドラマとして注目を浴びる時代が到来しました。

昭和の日本では、あくまで「離婚」は少数派であり、「普通に暮らしていれば離婚するはずがない」「離婚するからには、何らかの落ち度がどちらかに存在しているはずだ」という意識がありました。「離婚=恥ずべきもの・隠すべきもの」という認識です。しかし現実的には、「離婚」の危機は日常の随所に隠れており、夫婦といえどもその結びつきは決して不変ではないことがフィクションなどでも描かれ、「結婚」「離婚」の概念は揺らいでいったのです。

2000年代以降は、「誰もが簡単に結婚できる時代」が終わり、積極的に「婚活」をしなくては「結婚（生活）」は手に入らない時代になりました。仮に一度は「結婚」というゴールにたどり着いても、それは簡単に崩壊しうる脆さと背中合わせだという実感が人々の間に共有されていきました。

２０２０年以降は、新型コロナウイルスの感染拡大もありました。家庭という閉ざされた空間では、前述の「フキハラ」や「ＤＶ」、我が子への「虐待」なども続出し、改めて「夫婦」とは何か、「結婚」の意義は何かという疑問も湧き起こりました。

２０２３年には、宮藤官九郎さんと大石静さん脚本のＮｅｔｆｌｉｘドラマ『離婚しようよ』が話題になりました。大恋愛の末、「結婚」に至った夫婦（松坂桃李さんと仲里依紗さん演じる）が、不仲というハンディを乗り越え、「離婚」という共通のゴールに向かい奮闘するという逆転発想のコメディです。

「離婚」はもはや恥ずべきものでも、忌むべきものでも、隠すものでもない。笑いの要素すら交えて語ることができる、人生の一選択肢となったのです。

戦前は「離婚大国」だった日本

本章の本題に入る前に、まずは「離婚」を日本人がこれまでどのように扱ってきたのかを確認しましょう。戦後しばらくの間は、日本では「離婚」が悪しきものとして扱われてきましたが、戦前の日本社会はむしろ「離婚大国」だったことも強調しておきたいポイントです。明治時代もそうですが、江戸時代までさかのぼれば、日本の東北地方では2組に1組が離婚したという歴史社会学の研究も出されています（坪内良博、坪内玲子「日本の離婚」／『結婚とケア』平井晶子、落合恵美子、森本一彦編／有斐閣／2022年）。

もちろん、当時の「離婚」は、現代のそれとは事情も経緯も異なります。現代のように「離婚したい」と当事者（妻や夫）が望めば、「離婚」できる状況でもありませんでした。「結婚」も「離婚」も最終的に決めるのは、イエのトップに立つ家長であり、その人物が「結婚しろ」と言えばしなくてはなりませんし、「離婚しろ」と言えば、夫婦はその命に従わざるを得なかったのです。ただし、江戸時代には立場が弱い女性への救済措置も用意されていました。「離婚したい妻」と「離婚したくない夫（させたくない家長）」がいた場合、最後の手段として縁切寺に駆け込めば、その女性は「結婚」をリセットできたのです。

中国やイスラム圏でも、「離婚」が社会的タブーとして存在したことはありません。歴

図4-1 日本における婚姻率と離婚率の変化
(1883〜1966年)

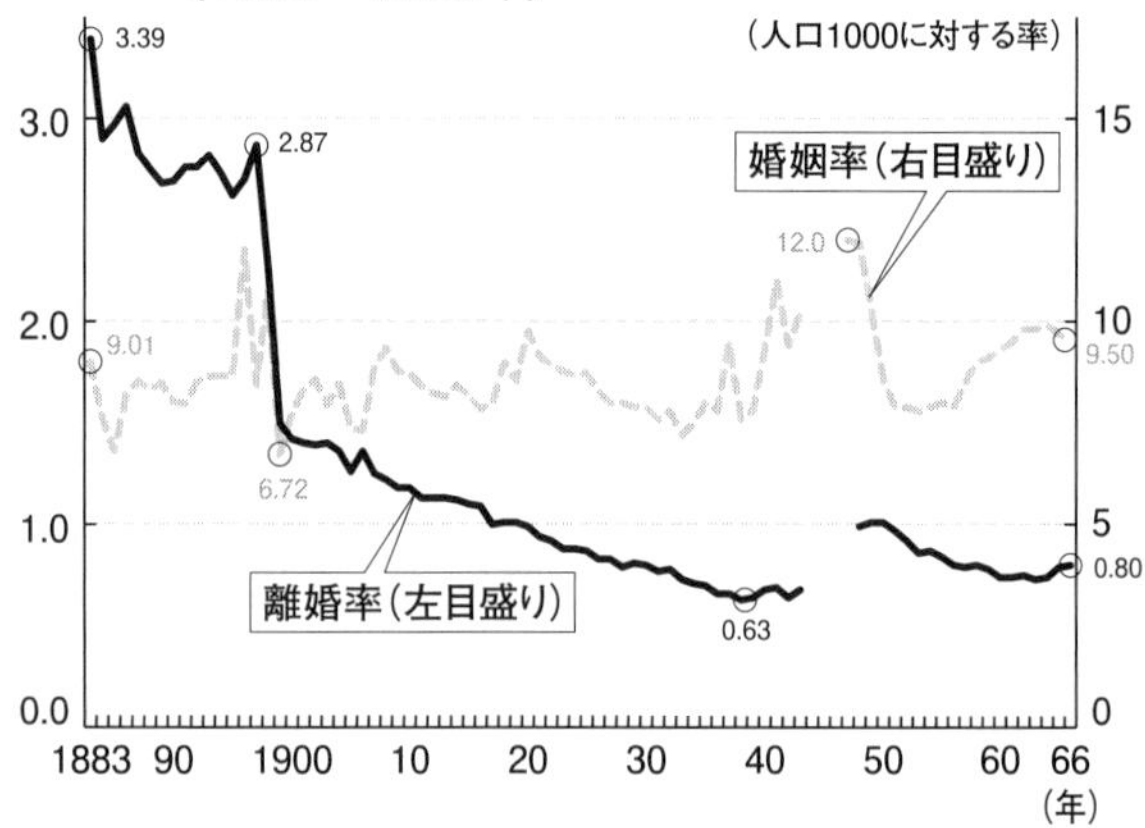

戦前の日本社会は「離婚大国」であり、明治民法に定められた家族制度(1898年施行、1947年制度廃止)では、結婚も離婚も家(イエ)のトップの家長による決定がなされていた。1898〜99年にかけての離婚率の急激な減少は、民法施行により法律婚が明確になると同時に「内縁」が生まれ、「内縁関係の解消」は統計に表れなくなったことが理由の一つとされている。[出所:日本帝国統計年鑑、人口動態統計]

史上、「離婚」を絶対的タブー視してきたのは、西欧社会の基礎を築いたカトリック・キリスト教です。彼らの考えによると、「結婚」は両性(男女)間の契約ではなく、神と交わした神聖な契約です。そのため人間がそれを破ることは宗教上の罪とされてきました。さすがに今ではカトリック国家のフランスやイタリアでも「離婚」は認められていますが、カトリック系住民の多いアイルランドで、「離婚」が法的に承認されたのは、なんと1995年になってからのことです。現在でも、フィリピンとカトリックの総本山であるバチカン市国では、「離婚」は法的に認められていません。

日本の話に戻りましょう。明治維新や太平洋戦争を経て、日本の「結婚」のプロセスや動機が変化してきたことは、すでに第2章で述べた通りです。「結婚」が家（イエ）同士の取り決めではなく、男女の当事者同士の意思で決められるようになった——、裏返せばそれは、「当事者の自由意志で解消も可能」なことを意味しています。人々の「選択肢」や「自由度」が増えていくほど、「離婚」の件数も増えていきました。

戦後すぐの昭和25（1950）年を見ると、結婚件数は71万5081件でしたが、離婚件数は圧倒的に少なく、昭和45（1970）年あたりまで、およそ年間6万9000～8万4000組あたりを推移していたものです。その数が徐々に増えていき、平成に入るとさらに加速、平成11（1999）年の離婚件数はついに25万組を超えました（結婚件数は、79万8138件。厚生労働省「人口動態統計」より）。前章で見てきた**「生涯未婚者」の数が増えていくのとほぼ同じカーブを描く形で、「離婚」件数も増えていった**のです。結婚数が減少して母数となる既婚者数が減ったため、結果的に2000年以降は離婚件数も減少傾向になりますが、結婚数と離婚数の割合はだいたい3対1の割合で推移しています。

離婚に至るリアルな内情

では、夫婦はどのようにして「離婚」に至るのか。その詳細を見てみましょう。厚生労働省の「令和4年（2022）人口動態統計月報年計（概数）の概況」によると、2022年の結婚件数は50万4878組でしたが、対する離婚件数は17万9096組でした。内訳を見てみると、約18万組中、「結婚から5年未満で離婚した夫婦」は5万2608組と最多でした。熱烈な恋愛期間はおよそ4年で冷めるという説は、この数字を見るとかなり的確なようです。さらに結婚後「5～10年未満」に離婚したのは、3万3141組。「10～15年未満」は、2万2572組。結婚生活が長くなればなるほど、離婚は減少していき、「15～20年未満」は1万8893組です。

昨今は「熟年離婚」もクローズアップされていますが、「結婚35年以上」にもなると、離婚する夫婦はわずか6566組にすぎません。「離婚」に至る夫婦の圧倒的多数は若いカップル、それも結婚して10年以内が半数に迫る勢いであることがわかります。

ちなみに「離婚」と聞くと、泥沼の離婚調停や激しい裁判の末にようやく実現できるもの、というイメージもありますが、実際は8割以上の人が夫婦の話し合いによる協議離婚で「離婚」を成立させています。万が一、夫婦のみの話し合いで合意に至らない場合は、調停委員を挟んでの「調停離婚」になりますが、それでもだめなら「審判離婚」、さらには「裁判離婚」へと進みます。ただし「裁判離婚」まで進むのは離婚全体の1％程度にすぎません。

そんな日本の「離婚」事情ですが、一度は「人生を共に歩もう」と決心した二人が離婚という結論に至るには、それなりの理由が必要です。背景にはどのような事情が潜んでいるのでしょう。離婚調停で挙げられる主な離婚理由を見てみると、「性格の不一致」や「異性関係」、「精神的・身体的虐待」や「家庭を捨てて顧みない」などです。これらは主に「愛情」の欠落、いわゆる「愛が冷めた」状態に陥っていることを表しています。

同時に注目したいのが、「経済的安定性」です。日本の「結婚」を支える二大要素が「愛情」と「経済的安定性」であることはすでに述べましたが、そのうちの後者が決め手となって、「離婚」が成立しているケースです。主な理由としては、「生活費を渡さない」「浪費」などが挙がっています。

どんなに熱愛で盛り上がったカップルも、結婚後5年もすれば、当初の感情の昂ぶりは沈静化していきます。そこで「熱愛」ほどでなくても「穏やかな愛情」や「家族としての絆」「共に生きるパートナーとしての情」を得られればいいですが、そうならなかった場合はどうなるか。「愛情」がトーンダウンしたのち、何が加味されると「離婚」という一線を越えるのでしょうか。その強い動機たり得るのが、「経済的安定性」にまつわる部分です。特に、**離婚の大多数を占める協議離婚においては、経済問題がその背後にある**と考えられます。

離婚で生じるリスクとデメリット

経済的メリットや生活の安定性を考えた場合、「離婚」はどのような意味を持つのでしょう。結婚と同じように、離婚も「経済生活」に変化をもたらすイベントです。そして離婚による経済的リスクには、子どもがいるかいないかも、大いに関係してきます。仮に子どもがいないなら、離婚して人生の再スタートを切ることは比較的容易です。「離婚」したとしても、元の「独身」状態に戻るだけ、結婚前の生活に戻ればそれでいいからです。特に日本では、若いうちは親元に戻る割合が高く、再びパラサイト・シングル状態になる人も多いです。

しかしながら子どもがいる場合、「離婚」によって（元）夫婦の生活は激変します。どちらが親権を持つかにもよりますが、現在、親権を取得するのはほとんどの場合が母親ですので、こちらをメインに見てみましょう。

女性が「離婚」をすると、子どもの養育義務は一挙に女性の肩にのしかかってきます。手間暇ばかりでなく、コストの面からもです。本人がフルタイムの仕事をしていればそれなりに経済的安定性を確保できますが、自分の就業中に「家事育児を誰がするか」という問題が生じます。自らの父母と再同居もしくは近くに住んで面倒を見てもらう、もしくは家事代行サービスやシッターなどの外部委託に頼るかなど、保育所や学校ではカバーしきれない部分のケアも必要です。もちろん、それなりにコストもかかるでしょう。育児をしない夫であっても、いるだけましなのです。

より条件が厳しくなるのは、それまで専業主婦だった女性が離婚をするケースです。パート程度の収入の女性も同じです。別れた夫からある程度の生活費・養育費が振り込まれることはあっても、元夫が相当の高収入でない限り、それだけで暮らしを営む額を得られることはめったにありません。自身も働かないと、自分と子どもとの生活はままなりません。このあたりの事情が女性の経済的自立を阻み、「離婚」に躊躇する女性を多く生み出しています。「離婚」が「貧困」への入り口になってしまうケースが多いからです。

多くの企業は正社員を新卒一括採用で雇用するか、すでに就労経験のある人材を中途雇用で得ようとします。令和の現在でも、「これまで専業主婦でした」という女性を積極的に雇用し、職場でリスキリングする制度が整っているとは言えません。結果的に、彼女たちが働ける職場は時給も低く雇用も不安定なアルバイトやパートなどの非正規雇用となり、「離婚・シングル・子持ち」が三重苦となって、「貧困」に直結しやすいのです。接客を伴った飲食業（いわゆる水商売）であれば、収入はある程度確保できるかもしれませんが、今度は彼女たちの働く時間に子どもを預けられる場所がありません。

日本では児童虐待の件数も膨大ですが、その背景にも、「結婚」「離婚」にまつわる「子持ち女性の貧困化」という問題が根底に絡んでいるのです。

では、男性の場合の「離婚」のリスクはどうでしょう。男性の場合も、妻が「家庭を顧みない」「育児放棄をする」「浪費三昧をする」「浮気をする」などの理由から、母親（妻）ではなく、父親たる男性が親権を持つケースが存在します。そうした場合、やはり女性と同じような苦労やリスクが生まれます。男性の父母が同居もしくは近くに住んでいるなら、ある程度助けを求めることができるかもしれませんが、晩婚化している昨今、父母も高齢化しており、第一線で子育てをできる気力や体力そして財力があるとは限りません。また、家事育児をある程度外部委託できたとしても、いまだ社会が「男女分業型結婚（生活）」を前提としている以上、保育所や幼稚園でも小学校でも中学校でも、圧倒的に参加率が高いのは母親（女性）です。子どもを取り巻く環境が、「父親不在社会」である以上、ママ友コミュニティにシングルファーザーは入りにくく、孤立しやすいという状況も発生しがちです。

また、自らは親権を持たなかった場合も、今後養育費を支払い続ける義務が生じたり、愛する子どもと頻繁に会えなくなってしまったりするリスクがあります。**日本において、いまだ「離婚」は何かしらの「喪失」が伴うことが専ら**（もっぱ）**だ**ということです。

ちなみに子どもと親の関係を考えた際、日本と欧米では、考え方が異なることも追記しておきます。ヨーロッパやアメリカでは、「離婚」をしても「家族」の絆は別という考え方が一般化しています。仮に夫婦間の愛情はゼロになったとしても、「子は親と過ごす権利がある」と彼らは考えます。子どもは親の付属品ではなく、れっきとした意思と権利を持つひとりの人間だからです。たとえ親の事情で「離婚」「再婚」したとしても、それを契機に子どもが父親（あるいは母親）と会えなくなるのはあってはならないと考えるのです。ならばどうするか。私の聞いたドイツの事例では、こんなケースがありました。

「子どもの権利」と離婚は別問題

ある夫婦が「離婚」をして、2人の子どもは母親に引き取られました。元妻・元夫は、もはや口もききたくないほど関係性が悪化していますが、双方共に子どもとは関わりたい。そこで子どもたちは週の大半を、母親と新しい彼氏が住む家で過ごし、週末は近所に住む元夫（父親）の家で過ごす生活を続けていました。元夫が仕事や用事で都合が悪い場合は、元妻が引き取り、元妻が仕事や新しい彼氏と旅行などの際は、元夫が引き取る。子どもたちはそれぞれの家で自室を与えられ、楽しそうに過ごしています。そんな子どもたちの誕生日ともなれば、彼らに関係する大人たちが大集合します。

元妻とその新彼氏、そして元夫。さらに新彼氏と元夫のそれぞれの両親（おじいちゃん・おばあちゃん）も「孫の誕生日」を祝います。相変わらず元夫婦は口をききませんが、そこは大人の対応です。子どもに対してはにこやかに接し、かつ新彼氏と元夫のそれぞれの両親は意気投合して盛り上がるという、なかなか日本人には想像しにくい光景が広がっていると聞きました。しかもこれはレアなケースでは決してないそうです。

他の家庭でも、離婚した夫婦がそれぞれ再婚した結果、新たな家族ができ、夏休みや冬休みには両家族が集いパーティを開いたり、それぞれの子どもたちを引き取って夏休みを共に過ごさせたりすることは一般的なようです。むしろ「結婚」と「離婚」を繰り返すことで、関係する人間の輪が広がり、関与する社会が広がっていくイメージです。

「結婚」と「離婚」。あくまでもそれは、男女（もしくは同性）の感情と意思決定の結果です。大人の個人的な決断と、「子ども」の人生は別物であるべきだという考えに、私は大いに賛同します。最近は「親ガチャ」という言葉もありますが、本来理想とするのは、**どんな親の元に生まれても、子どもたちが安心して、心身共に健康に成長していける社会**です。政府は子どもに対する経済的支援を充実させ、社会も様々な家庭の形、幸せの形があることを認め、当事者たちも縁あって「家族」となった以上は、共に幸福の形を考える。そうした意識が日本で醸成されれば、貧困に苦しむシングルマザー（ファーザー）や、虐待で苦しむ子どもたちは減少し、何より日本国が深刻に悩む「少子化」の突破口にもなっていくのではないでしょうか。

「少子化」を抑制する社会とは

「少子化」と「結婚・未婚・離婚」に絡めて、もう一つお話ししたいと思います。かつての日本は「離婚大国」であったこと、そして戦前までは「（事実上）一夫多妻」の風土があったことはすでに述べました。こうした風習は、こと「出生率向上」に特化した場合、ある種の貢献をしていたという見方もあるのです。

現在「少子化」に悩む日本は、戦前までは「子だくさん」文化でした。もちろん不妊に悩む人や、流産・死産は今以上にあったでしょう。乳幼児の死亡率も高かった時代には、イエの存続のために、複数の子どもを跡取り予備群として育てることも必要でした。例えば農家では子どもは大切な労働力でもあり、5人、8人、10人以上と、大勢の子を持つ家庭は珍しくありませんでした。

加えて、いわゆるお妾さん（第二夫人など）が産んだ子どもも存在しました。明治時代半ばまでの非嫡出子率は、約10％にも達しました。現在はわずか2％にすぎないことを考えれば、正式な「結婚」外の男女から生まれた子どもたちの存在は大きかったのです。もっともお妾さんを持つには、相当の経済力も必要です。正妻や嫡出子以外の「家庭」を外に持つには、彼らには本宅とは別の住居や生活費も与えなくてはなりません。それができる経済力のある男性にしか、第二夫人以降は可能ではありませんでした。

かつてのそんな状況から、現在の日本が学べることは何でしょう。もちろん現代の世に、「お妾さん」の存在を促すわけではありません。ただ、正式な結婚をせずに**「未婚の母」になった女性への支援を充実させたり、「婚外子」をしっかり育てられる仕組みを社会が構築したり**といったことはできるはずです。

先にドイツの事例を紹介しましたが、少子化に歯止めをかけたフランスも同様です。なんとフランスでは非嫡出子率が、約60％にもなるのです（繰り返しますが、日本は2％です！）。30人学級であれば、クラスメートのうちの18人は正式な結婚を経ていない親から生まれている計算になります。「結婚」という形は経ていないものの、パートナーとして実質上夫婦生活を営むカップル、その他、未婚の母や離婚した母、父子家庭、祖父母に育てられている子、同性の両親を持つ子、移民を養子にしている家庭などなど、様々な「家庭＝子どもの環境」が存在します。そこで、どんな出自や環境に生まれても、子の成育環境がある程度保障され、社会が見守る体制を敷くこと。そうした社会の責任感にこそ、日本の少子化を変えるヒントや選択肢が隠されているのではないでしょうか。

富裕層と貧困層に二極化する離婚

再度、「離婚」に話を戻しましょう。「離婚と所得の関係性」について、考察していきたいと思います。結論から申し上げますと、現在の日本では、世帯収入がかなり高い家庭とかなり低い家庭で離婚件数が増え、二極化しています。欧米でも同様に、富裕層と貧困層に離婚が多いことが知られています。

理由として考えられるのは、世帯年収300万〜800万円程度の中間所得層においては、まだしも「結婚」による「経済的安定性」が期待できるからでしょう。夫が一家の大黒柱として稼いでいる場合は、妻が専業主婦として家事・育児を担うことで夫の仕事（収入）は支えられますし、夫婦共働きならダブルインカムとして世帯収入はさらに増加します。総じて**夫婦共に「結婚（生活）」の経済的メリットを最も実感できるのが、まさしく中間層**なのです。

中間層が「結婚の経済的メリット」を最も得られる事実は、高度経済成長期の「一億総中流社会」が、「皆婚」社会であったこととイコールで結びつきます。昭和期を通して、

「未婚」や「離婚」よりも「結婚（生活）」を獲得・維持していく方が、安定した生活を得られて経済的メリットを感じやすい時代が続いていたのです。

ただしその後、日本の「中流層」は減り続けています。「上流」はそれほど増えてはいませんが、「下流社会」と言われるように二極化していきます。かつては中間所得層が数としては一番多く、グラフにすると中央に緩やかな山が描かれ、その両方のすそ野に少数の貧困世帯と高額所得世帯が配置されていました。

ところが今はその中間層が減少したことで、かつての山型は緩やかになり、左の方に山頂が移動して、貧困世帯が増えるようになりました。そして、中間層も自分を「中の上」とみなす層が減り、「中の下」とする層が増加しているのです（詳しくは拙著『希望格差社会――「負け組」の絶望感が日本を引き裂く』〈ちくま文庫〉をお読みください）。

では、低所得世帯と高所得世帯にとって、「離婚」は何を意味するのでしょうか。

まずは、世帯収入が300万円を切る低所得世帯から見てみましょう。このあたりの世帯収入で、夫婦二人と子どもを複数養育するのは容易ではありません。夫の収入だけでは生活は厳しく、かといって女性（妻）が働きに出ようとしても、前述の通り、何のスキルもなければ「正社員で高所得」とはいきません。アルバイトや非正規雇用では収入面や雇用面で安定が見込めず、長時間労働や福利厚生の不備、メンタル面での心労などの不安要素も積み重なっていくでしょう。こうした収入の低さや生活の不安定さ、長時間労働やブラック職場でのストレスなどは、精神面から夫婦をより不和に駆り立てる原因にもなります。ましてや夫があまり働かず、稼ぎ以上のお金をギャンブルや趣味・嗜好に浪費してしまうのであればなおさらです。いっそのこと離婚してシングルマザーとしての生活を選んだ方が、生活保護やひとり親支援制度を利用できるので「経済的安定性」が手に入るかもしれません。

あるいは単純に「このまま結婚生活を続けていても経済的安定性が手に入らない」のであれば、「愛情」がなくなった時点でその「結婚」をつなぎとめるメリットも消失することになります。上記のような理由から、低所得層の「離婚」は、中間層に比べて多いと考えられるのです。

一方、高所得世帯の場合はどうでしょう。仮に所得が１０００万円前後、あるいはそれ以上ならば、「離婚」に対するリスクやデメリットは低下します。もしも男性が高所得者なら、仮に「離婚」して慰謝料や養育費が発生したとしても経済的な余裕はありますし、むしろ離婚した方が日常の経済は身軽になるかもしれません。その場合は、夫の浮気による離婚のケースが多いでしょうから、妻が専業主婦だった場合でも、相当の慰謝料や養育費をもらうことができます。そうでもしなければ、妻は協議離婚に応じず裁判所も原則として認めないので、夫は離婚して次のステップに進むことはできません。

あるいは夫婦が共に正規雇用で高収入世帯の場合、妻も一定の所得がありますから、妻が離婚したことですぐさま「貧困」に陥るとは考えにくい。こちらも「経済的安定性」よりも、「愛情」を重視することができるのです。

離婚はステップアップ?

1990年代以降、女性の社会進出が進んだ結果、「未婚」を選べる「おひとりさま」が増えましたが、「離婚」を選ぶことができる女性も同様に増加しました。逆に昭和の日本社会では、経済的自立の観点から、「離婚」したら女性ひとりでは生きていけない前提があったからこそ、高い結婚率と低い離婚率が維持されてきたとも言えます。

つまり、昭和時代の人々は「結婚＝幸せ」だったから「離婚」を選ばなかったわけではなく、単に「離婚」という選択肢を持てなかったからだとも言えるのです。

ここでもキーワードとなるのは、「選択肢」です。経済的な不安が払拭されることで、「結婚」も「未婚」も「離婚」も自由に選べる女性が増えた。あるいは低所得男性が増えて、「結婚」にまつわる経済的なメリットが消滅したことで、思い切って「離婚」を選ぶ人が増えた。それが、「3組に1組は離婚する」日本の実情だと言えるのではないでしょうか。


「離婚」を選ぶ人が増えたことで、**離婚が「人生を左右する非常事態」から、「人生の一イベント」に変化**しました。20～30年遅れで日本が欧米化してきたとも言えます。

アメリカやヨーロッパは日本と比べ、転職率が高いことで知られています。高度経済成長期以来、新卒一括採用、終身雇用制に慣れ親しんできた日本では、いまだに「一社に骨をうずめる」ことに美徳を感じ、「転職」に罪悪感や敗北感を抱く人が多くいますが、欧米では、「仕事＝会社に対する奉仕・貢献」とは考えません。仕事は自分自身を成長させ、人生をレベルアップさせるためのステージです。それゆえ仕事内容に関しては厳密に契約書を交わしますし、その内容をマスターできたら次なるステップアップを目指し、転職もいとわず職場を渡り歩いていきます。そうした姿は非難されるべきものではなく、自らをマネジメントできる有能さをも示しているのです。

そんな欧米では、「離婚」もまた「転職」と同じく、人生のステップアップと考える人が多いのです。日本は「3組に1組は離婚する」社会ですが、アメリカはその先を行き、「2組に1組は離婚する」国です。ヨーロッパの離婚率は、アメリカよりも低いですが、それは結婚しないカップルが多く、同棲や事実婚解消を含めれば、「離別率」はアメリカ並みになると推定されます。

彼らにとって「結婚」とは「愛情」という名の契約ですが、しかし同時に、何事も永遠には続かないことを最初から理解しているのかもしれません。日本のような「世間体」の概念がないことも影響し、「愛情の消滅＝離婚」の方程式が成り立ちやすいのです。

彼らが「離婚」に躊躇しないのは、「離婚＝貧困への入り口」という考えがあまり強くないことも関係しています。離婚率が高いデンマークやフィンランド、スウェーデンなどは、男女格差が小さいことでも知られています。男性も長時間労働せず、夕方には帰宅して家族一緒に過ごす暮らし方が一般的です。男女のジェンダーギャップが少ないため賃金格差が小さく、互いに経済的依存を必要としない文化圏。そんな国では、「結婚」にしろ「離婚」にしろ、純粋に「愛情」を基準に選択することが可能です。もし、現在の「結婚(生活)」が不幸せで不本意なものならば、「離婚」という手段で人生をリセットし、新たに再スタートを切った方がいい。「離婚」にはこうしたプラスの動機も存在すること。これは忘れてはならない側面です。そしてこれらの国では再婚も多いので、次の相手が見つかりやすいというのも、離婚が多い一つの理由です。

離婚が日本で増えた三つの要因

いったんここまでを整理しましょう。日本で離婚が増えてきた背景には、以下のような要因がありました。

1　皆が結婚する「皆婚」社会が常態化しなくなったこと。

2　「結婚すれば幸せ」「未婚や離婚は不幸せ」というセオリーが崩れ、「多様な幸せの形」を人々が意識するようになったこと。

3　生き方の多様化で、従来の「男女分業型結婚（生活）」が崩れたこと。

1については、すでに十分述べました。

ここでは2と3を見てみましょう。まずは「結婚＝幸せ」「未婚・離婚＝不幸せ」という固定観念が崩れてきたことです。

私のもとに寄せられる相談に、最近多いものがあります。「娘（息子）の結婚（生活）の様子を見て、私の何十年にも及ぶ結婚生活は何だったのか悩むようになった」という類のものです。主に高度経済成長期に青春を送り、「皆婚」社会時代に結婚して子育てをしてきた世代が、自分の時代とは異なる我が子の結婚生活の様子を見るにつけショックを受け、自分の来し方を振り返っているというものです。

彼ら、彼女らにはある定型の「結婚」「家庭」のロールモデルがありました。総じて社会全体が豊かになっていく時代を経験できたのだから、バブル崩壊後の経済不況にあえぐ若い世代にしてみれば「羨ましい」と単純に思うでしょうが、逆に彼ら団塊世代からすれば、現代の若者の結婚生活の方が「羨ましい」と思う部分もあるようです。

「結婚すれば（子を持てば）幸せになれる」「生涯未婚なのは気の毒だ」「離婚はみじめなことだ」……、非常にシンプルに言えば、団塊の世代はこのような定型化された価値観を抱いています。だから我が子にも「早く結婚してもらいたい」し、「離婚せずに円満に夫婦生活を営んでほしい」と思っている。

ところが、その願いが子どもたち世代には通用しないことにやきもきしているのです。だからこそ、彼らはたくさんの相談事を、新聞やネットの相談コーナーに寄せてきます。「娘（や息子）がいつまでも結婚しないで心配している」「我が子がずっと独身のままで、親である自分が婚活を急かすが、その気にならない」「娘が子連れ離婚をして戻ってきた。元夫は大企業勤めなのにもったいない」などなど（読売新聞朝刊２０２１年11月21日付）。

当初は、自由奔放すぎる我が子の人生の歩みに、ハラハラ心配してきた親世代。彼らは同時に、「もしかしたら、自分ももっと自由に人生を選ぶことができたのではないか」と子どもを見ながら思い始めているのかもしれません。

昔の「離婚」は件数も少ない代わりに、有責（ゆうせき）が多いのが特徴でした。つまり、「性格の不一致」とか「話が合わない」くらいでは「離婚」などするものではなかったのです。「妻が不倫をした」「夫が長年愛人と暮らして家に帰ってこない」など、明らかな理由があるからこそそうした結論に至るわけで、常にダークなイメージが「離婚」には付きまとっていました。

ところが**20年くらい前から、「離婚」の概念が変わってきた**ように思います。15年ほど前に離婚者のインタビュー調査をした時に、印象的かつ非常に多かったのが、「こんな人だと最初からわかっていれば、結婚しなかった」という声でした。今では典型的ともいえるこの離婚理由は、しかし30年以上前には、「そんなことで離婚はできない（すべきではない）」と人々が考えていた類のものです。

おそらく団塊の世代でも、結婚してみたら「こんな人とは思わなかった！」というケースは膨大にあったでしょう。それでも彼らは生活や子どものためにと我慢をし、ある程度

「結婚とはそういうもの」と自身を納得させて、自らの思いを呑み込んで生きてきたことでしょう。しかしながら、子どもたちの世代になると、それが立派な離婚理由として成り立ち、互いに愕然としているようなのです。

2000年以降は、「イクメン」という言葉も登場しました。実態としてどのくらいの男性が主体的に家事育児に参加しているかはさておき、意識の上では「男性（夫）も育児に参加すべきもの・家事の手伝いをするもの」と考える人が増え、ベビーカーを押す父親や、抱っこひもで散歩する男性の姿を街中で目にする機会も増えました。家事育児に積極的に参加し、夫婦が仲良く対等に過ごしている姿を見て、「自分の結婚（生活）は間違っていたのかもしれない」と感じるようになった人は少なくないかもしれません。

実際のところ、「子育てはお前（妻）の役割」「イエを守るのはお前の仕事」と一切協力してこなかった男性（夫）への長年の不満が蓄積され、「夫が寝たきりになったら、今度こそ復讐の時です」「夫が定年退職になるタイミングで離婚を切り出すのが、今の唯一の楽しみです」と語る相談者たちがいる、というのが事実です。

「できちゃった婚」から「授かり婚」へ

「世間体」を重視する日本社会において、何よりも分岐点になるのは「量」だというのは先述の通りです。人数、割合、数の多さこそが、社会全体の「価値観」を変えていく力を持つのです。その最たる例の一つが、「できちゃった婚」かもしれません。

今から30年ほど前に、「できちゃった婚」という言葉が誕生し、その数が急増していきました。いわゆる「妊娠先行型結婚」（家族社会学者の永田夏来(なつき)さんの命名）ですが、では、それまでは何と呼んでいたか。

以前は名前も付かない圧倒的少数派として、世間から黙殺され、泣く泣く中絶する人も多かったはずです。結婚前の同棲や婚前旅行、婚前交渉などは言語道断、断行すれば「ふしだら」と烙印を押される社会では、周囲に事例がないからこそ隠すべきこと、忌むべきことだったのです。

しかし、経済が不安定になり、「結婚」に踏み切る若者が減少していく中で、「できちゃった婚」は増えていきました。何かしらの後押しがないと「結婚」に踏み切れないカップルが増える中で、「妊娠」という事実を好意的に受け止めるようになったことは、少子化に悩む日本、特に結婚件数低下に悩むブライダル業界にとっては僥倖でした。

その後、「できちゃった」というどこか失敗をほのめかす表現から、「授かり婚」という祝福感溢れる表現にブライダル業界が名称を変えたことで、妊娠先行型結婚は認知され、一般化していきます。

少し古いですが、2004年の国の調査では、妊娠先行型結婚は第一子のうち26・7％を占めています。要するに、結婚の約4分の1ができちゃった婚であったと推定できます。沖縄県に限ると、約47％の第一子ができちゃった婚によるもので、これが沖縄県の出生率が日本一である理由であるとも言えるのです。

数が増えることで、人々の意識が変わる。世代の常識が変わることで、世の中の行動が変わる。「普通の人生」や「生き方の正解」という**定型マインドが崩れていく中で、「離婚＝不幸せ」「結婚＝幸せ」という常識も変わっていった**ということです。

日本独特の「亭主在宅シンドローム」

現代日本では、既婚カップルは二極化しています。夫婦仲が良く一緒に食事や旅行、映画鑑賞を楽しみ、老後も心穏やかに過ごす「名実共に結婚状態にある夫婦」と、同じ家庭で暮らしていてもほとんど口をきかない「内実はほとんど破綻している夫婦（内実離婚夫婦）」です。夫婦の「3組に1組は離婚する」日本ですが、実際は「家庭内離婚」、すなわち「内実離婚夫婦」はもっと多いと私は睨んでいます。

「濡れ落ち葉」「旦那はATM」「亭主在宅シンドローム」など、既婚状態の不満（主に妻から夫に向けて）にまつわる特殊用語に日本は事欠きません。

80年代までは「亭主元気で留守がいい」程度の表現で夫の健康と不在を望んでいた妻たちも、90年代そして2000年代になるにつれ、言葉の選択を過激化させていきました。中でも前述の「濡れ落ち葉」「亭主在宅シンドローム」は、表現の苛烈さにおいて多くの男性たちの心を凍りつかせました。

それまで仕事三昧で会社に滅私奉公（めっしほうこう）してきた夫たちが、いざ定年退職になり、これからは心穏やかに家で過ごせるようになったと一安心した矢先に、それまでひとりの時間を家で謳歌してきた妻たちが悲鳴を上げるようになったのです。妻の側も、ようやく手のかかる子どもたちが巣立ち、自宅で自由時間を持てるようになったと思ったら、今度は初老の夫がデンと構えるようになったのです。しかも四六時中家にいて、一日三度の食事を当然のように求めてくる。妻の奉仕を当たり前のものとしてテレビの前に陣取り、「コーヒー」などと注文する夫に対してイライラが募り、しまいには動悸息切れがしてくる……。そんな状態を「亭主在宅シンドローム」と呼ぶそうですが、逆に妻が外出や旅行をする際に、今度はどこにでもついてこようとする夫に対しては、評論家の樋口恵子さんによって「濡れ落ち葉」という名前が付けられました。これらは**典型的な日本の「性別役割分業型家族の愛情観」の弊害**かもしれません。

それまで「外で家族のために働きお金を稼ぐこと」が夫からの愛情の証だったのに、「外で稼がなくなった夫」は、何によって妻の私に「愛情」をくれるのか。定年退職という区切りで、「家庭内における男女分業」システムが解消したのなら、私も家事から解放されるべきではないか。それにもかかわらず、妻としての愛情の証である家事は死ぬまでしなくてはならないこの理不尽さをどうしてくれようか……。代弁すれば、このようなところでしょうか。

同時に、団塊の世代には「世間体」もあります。我慢が美徳として認識される最後の世代かもしれません。「こんなことが理由で離婚などすべきではない」という自制心から、実際の「離婚」件数は、「熟年離婚」が話題になるほどには多くはありませんが、そこで溜(た)まる忸怩(じくじ)たる思いが、「亭主在宅シンドローム」や「濡れ落ち葉」という表現に凝縮されているのかもしれません。

日本型「愛情の分散投資」とは

こうした日本独特の「夫婦観」について、欧米の人々は驚くというのはここまで述べてきた通りです。彼らは一様に言います。

「愛がなくなったのに、なぜ離婚をしないのか」と。

たしかに人生の伴走者たる配偶者のことを、金の出る機械「ATM」呼ばわりしたり、ほうきにまとわりつく「濡れ落ち葉」に喩(たと)えるのは、彼らには到底理解の及ばぬ世界でしょう。

ただこれも「性別役割分業型家族の愛情観」に絡む話になってきますが、日本人はもともと「分散」「分業」の意識が強い、あるいは得意なのかもしれません。

西欧文化では、「夫婦」は人生を丸ごと共有しようとします。子育ても家事も仕事の配分も、レジャーもコミュニティも、「夫婦」は一体となってあらゆる価値と時間を共有していくのです。もちろんこれは理想であって、現実に完全に共有しているわけではありませんが、少なくとも共有しようと努力します。夫婦で観劇し、パーティに赴き、ハイキングに行き、夫婦で子どものイベントに出席し、夫婦単位で友人家族と付き合い、夫婦で余暇に語り合う。もちろんそれぞれの夫婦により差はありますが、日本とは根本的に異なる「夫婦観」「愛情観」「家族観」を彼らは持っています。

対して日本は、夫は夫の交友関係を持ち、妻は子どもがいる場合は、ママ友コミュニティを中心に交友関係をつくります。基本的に、子どもの幼稚園や小学校の学校イベント（保護者会やPTA役員など）、子の交友関係や学業関係は母親が担います。また子どもがいなくても、母親や姉妹との外食や旅行、友人との「女子会」など結婚前からの親密関係が続くことが多く、女性同士のコミュニケーションが活発です。そこに夫が新たに加わることはめったにありません。

一方で夫は、仕事での交友関係がまずは重視されます。さらに、会社の人との飲み会や休日のゴルフなど、仕事の延長ともレジャーともつかない活動で仕事以外の時間を過ごすことが多いのです。つまり、余暇の時間も夫と妻で分かれているのが、従来の典型的な夫婦の時間の使い方でした。

時間だけでなく「愛情」すらも、日本では分散されがちです。日本の新橋や新宿などでは、サラリーマン（男性ばかり）が盛り上がり、キャバクラやクラブに繰り出す姿がよく見られますが、これも海外の人々からは大いに驚かれる光景です。そう、日本の男性（夫）は、愛情や関心を家族や妻へ100％注力しなくてもいい。キャバクラやクラブ、アイドルの推し活やゲームなど、多方面に分散できる社会なのです。一方で女性（妻）の側も、持てる愛情をすべて夫に傾けるよりは、子どもや母親や姉妹、女友だちやアイドルの推し活やペットなど、多方面に分散投資することで、日常を心穏やかに過ごすことができるのです。

仮に配偶者が100%の愛情を注いでくれなくても、あるいは共通の時間がなくても日々の潤いが枯渇せず、楽しく生きていける国。それは、先進国では日本くらいかもしれません。妻からつれなくされても、キャバクラに行けば女性がちやほやしてくれるし、夫との会話がゼロでも、アイドルのコンサートに行けば愛情が満たされる。子どもに愛情を注ぎ、ペットから懐かれれば、明日からまた頑張ろうと思える。インターネットやSNS、ゲームや動画視聴手段がこれだけ増えれば、家族や恋人がいなくても十分人生を楽しみ、時間をつぶすことも可能です。これを私は「愛情の分散投資」と呼んでいます。他国では「夫婦」「家族」に集中しがちな「愛情」を家族以外の多方面に分散することで、日本人の幸福感が保たれているのかもしれません。その結果、日本のアニメやゲームなどのバーチャル文化が大人も楽しめるものとして、ここまで発展したのだと考えています。

「愛情」という大切な資源を、たった一つの投資対象(配偶者)に集中投資してしまえば、不和や家庭内別居、離婚というリスクの時に自らが壊れかねません。「愛情」を分散投資することで、日本人は長らく**「結婚」「未婚」「離婚」における精神面のリスクを他の対象**

に振り分け、「愛」を回収してきた――。そのように見ることもできるのではないでしょうか。

「個人化」で錯綜する家族のカタチ

前述のような「愛情の分散」は、選択肢が増えた現代だからこそ可能です。「個人化の時代」では、個々人が多様な選択肢を持つことで自由を手に入れた反面、悩みやリスクもあらゆる局面で遭遇するようになったと先に述べました。「結婚」や「離婚」の主役は、夫婦二人の当事者ばかりではありません。それぞれの両親も、それぞれの価値観に応じた「選択肢」を提示し始めています。

晩婚化が進んだ現代、パラサイト・シングルとして実家に長く住む若者も増えました。いざ結婚して別世帯を持ったとしても、それまで子の生活に密接に関与してきた親が一気に口を出さなくなるとは考えにくく、かつ子の方でも親に依存度を高めた結果、結婚後も親の意見を真っ先に聞くような人が増えています。核家族化、共働き世帯や高齢出産の増加で、子育てや教育の手間暇の負担も、夫婦に重くのしかかっています。長時間労働の夫は頼りにならず、祖父母に助けを請わないと日常がままならない実情もあります。多くの家庭で三世代同居が解消された結果、祖父母が子の家庭に呼び出され、子守や習い事の送迎に駆り出されている光景も見られます。

その結果、近年増えているのが、「妻が自分の母親の近くに住みたがる」現象です。かつてのイエ制度が根強かった昭和時代までは、「両親と同居」と言えば、それは「夫の両親との同居」を意味しました。結婚して夫の名字になった以上は、妻は「嫁」という立場で夫の両親のイエに入り、自らの子育てに義理の両親が協力してくれる代わりに、日々の家事や老後の介護は嫁が担うという暗黙の了解があったのです。

ところが「自由」の意識が育まれた平成・令和の若者は、夫の両親との同居を望まない代わりに、気心の知れた妻の実母との同居ないし手助けを求めるケースが増えました。離婚した女性のおよそ半数は、実家に戻ることも調査で明らかになっています。精神的に頼りにならない（会話ができない）夫よりも、長年一緒にいた母親の方が頼みになるということです。

そうなると、どのような変化が生じるか。

別世帯となったはずの夫婦もしくは家族の在り方に、妻の親の欲望ないし意思が影響を及ぼすようになります。つまり、**娘の家庭の在り方に親の価値観や意見が反映される**ようになり、それがさらに夫との諍いにつながるケースも。あるいはこんな声も堂々と聞かれるようになりました。

「私（親）の面倒は、実の娘に見てほしい」

「私（子）の面倒は、実の母に見てほしい」

こうした意見が新聞の相談欄に寄せられるのを見るにつけ、まさしく「個人化の時代」を実感します。同時にこれは、「パラサイト・シングル」時代の当然の帰結でもある、と。

パラサイト社会の同根問題

こんな話も聞きました。ある女性の結婚が決まり、結婚後の家計費のルールを二人で話し合った際、男性が「給与は自分が管理し、必要な家計費を手渡す」と告げたところ、女性の母が後日自宅に現れ、涙ながらに「後生だから給与は全て娘に手渡し、小遣い制にしてほしい」と男性に訴えたといいます。彼は、将来の義理の母親に逆らえず、小遣い生活になったと嘆いていました。

彼女の母親世代にとってはそれが結婚のカタチであり、「男女分業型結婚としての愛情表現」そのものだったからです。給与をすべて妻に手渡さないのは愛情がない証拠、要するに妻としての立つ瀬がない、世間体において「娘が可哀想」という考え方のようです。

ちなみに「夫の給与をすべて妻が管理し、そこから夫に小遣いを渡す」方式も、欧米の人からは驚愕される仕組みです。これも、「パラサイト」意識の強い日本人ならではの慣習だと私は思っています。未婚で実家にいる間は親が自分の面倒を見るのが当然で、結婚したら夫が同じことを行うのが当然、しかし結婚したからにはその采配は一家の主婦が行うもの。それが伝統的日本の家政の在り方で、夫婦それぞれの「個人」が独立して存在するのではなく、「世帯」単位で物事を測る日本ではおなじみの発想法です。

先に示したように、実際に私が行ったアンケートでも、この方式（「妻が家計を管理して夫に小遣いを渡す」）を実践している夫婦は45％にも上りました。反対に「夫が妻に生活費を渡す」タイプは25％であり、「共通の財布で管理する」は10％と少数派でした。ただ、15年前に行ったアンケートでは、妻が管理している夫婦の割合は約60％でしたので、共働き世帯が増えるに従い、次第に減ってきています。

この話を聞いてまず思うのは、「世間体（正解）に捉われる日本人」の姿、そして何歳になっても「子のため」「子への愛情」を優先し、子（とその配偶者）の人生に介入してくる「母親の愛情」についてです。常識で考えれば、還暦に近づく親が子の家庭の家計管理にまで口を出してくるというのはかなり異様な光景なのですが、「世間体」「娘が可哀想」と言われると、多くの人は反対できなくなってしまいます。

「母子同居」の概念は、日本的な「性別役割分業型家族の愛情観」と「パラサイト・シングル社会」が行き着いた先の変型バージョンです。自身の結婚生活を通じて夫婦での愛情・対話を重ねてこなかった夫婦は、定年退職後も改めて夫婦の時間を持つより、子への干渉を維持しようとします。一方で、幼少期から大学卒業後まで一貫して過大な投資と関心を得てきた子の世代も、結婚後、本来なら「個人」として自立すべき時期に至っても、精神的に親に寄生（パラサイト）し続ける。互いの人生に必要以上に深入りする親子愛は、結局「未婚」も「離婚」も根本は同じ問題を抱え、「自立しない個人」「依存し続ける親子」という構図を生み出しています。

ここでは「母と娘」を例に挙げましたが、夫すなわち男性側も同様です。要するに「個人化の時代」とは、当事者夫婦以外にも、「親の選択」が新世帯に大きな影響を与え続けるということです。夫婦の意思決定に、**妻・夫・それぞれの両親という複数人の意思と選択肢が錯綜し、「正解」を悩み続けるのが「個人化の時代」の特徴**なのです。

日本全体で「結婚」の正解とロールモデルが消滅した結果、求めるべきは新しい結婚のカタチ、すなわち社会に根差した家族の在り方です。それにもかかわらず、旧世代の価値観が子に影響を及ぼし続けてきたこと、個人の自立や子育ての労力（経済的負担）の多くを「社会」ではなく、それぞれの「家族」に負わせてきたことの弊害が、「離婚」数の増加、「家庭内離婚」「家庭内別居」の増加につながっているという側面は、決して無視できないと思っています。

第5章

「結婚」が人生に与えるもの

——人と人が「コミット」する時

「おひとりさま」が老後を迎える日本

いよいよ最終章となりました。本章ではこれまでの論考をまとめた上で、私なりにいくつかの提言をしたいと思います。

本書の冒頭で、家族社会学を論じる際に大切なのは、二つの視点だと述べました。一つは「社会の側からの視点」、もう一つは「個人の側からの視点」です。

結婚や未婚、離婚などの個人的な問題は、本来他人がとやかく言うべきことではありません。しかし、状況さえ違えば「結婚したかった」「子どもを産みたかった」人が多く存在する以上、その前提条件である社会環境や制度の不備を見直し、改善するのは政治の役割です。その意味において、「社会の側からの視点」による現状分析は、欠かすことができない作業です。

一方で「個人の側からの視点」で見れば、「おひとりさま」文化が発達した日本では、未婚者も離別者も、そして「パラサイト・シングル」も心理的には不自由なく暮らせる社会になりました。世の中は明らかに「多様性」へ向かっており、「未婚のまま生きる」「離婚して人生の再スタートを切る」選択肢も、以前に比べて選びやすくなっています。

しかしここでも再び、自ら積極的に「ひとりでいること」を選び取った人はどの程度いるのか、という問題が立ちはだかります。

社会的な視点からも、独身者の増大は、社会全体での問題になります。

「人生百年時代」には、**老々介護や中年の引きこもり、親亡きあとの年金不正受給や独居老人、孤独死などの社会問題が今よりも増えていく**でしょう。心身共に健康な時期を過ぎた多数の「おひとりさま」が、人生の最期をどのように迎えていくのか、私たちはその現実をまだ目の当たりにはしていません。夫婦2人の老後資金として2000万円以上用意できる高齢世帯は一握りで、今後は自治体による見回りや、一人暮らし高齢者をケアするための社会負担も増大していくはずです。医療費、介護費、その他もろもろ高齢者の人生を看取るための莫大な費用は次世代の負担となり、そのようなプランはもはや持続可能ではありません。未婚・少子化・結婚問題に関心がない人々も、「自分には一切関係ない」と無視することはできないのです。

とにかく結婚？　それともひとりを満喫？

「配偶者がいない人＝独身者」が増大する社会において、私たちはどのように対応すればよいでしょうか？　たとえ結婚を経験した人であっても、晩婚、離婚、死別などで独身者でいる期間が長くなっているのは先述の通りです。特に、望まずに独身状態を強いられている人は、どのように行動すればよいのでしょう。

様々な評論を見ると、そこには二つの方向性があるようです。

一つは、「とにかく配偶者を見つけよう」というもの。もう一つは、「おひとりさまで幸せに生きよう」というものです。

「婚活」という言葉が定着したのも、結婚したくてもできない人が増大してきたからですが、そこには「結婚して幸せをつかみたい」という意識が見られます。しかし同時に、「結婚しないと様々なリスクがあるのではないか」「独身だと不幸になるのではないか」という不安も根底には見受けられるのです。

社会学者のホメリヒ　カローラさんの「人生の幸福度」の分析によると、現役世代では、

「既婚者は未婚者よりも満足度は高い」という結果が出ています。「既婚女性」の満足度は高く、最も満足度が低いのは「中年未婚男性」です（「家族と幸福――生涯未婚者は不幸なのか」／『変貌する恋愛と結婚』小林盾、川端健嗣編／新曜社／2019年）。「独身」の中には生涯未婚者もいれば、一度結婚したのち離婚や死別を経験した人も含まれますが、いずれにせよ**「ひとりで人生を過ごすこと」は、二人以上で暮らす状態より不満を感じやすく孤独に陥りやすい**ということです。

最近の論考では、マーケッターの牛窪恵（うしくぼめぐみ）さんの『恋愛結婚の終焉』（光文社新書／2023年）における、「恋愛にこだわるから結婚できない」「結婚に恋愛感情は必要ないのでは」という提言もあります。

結婚生活の不幸の多様性

独身は不幸のもとに見えますが、しかし、高齢者だと逆のデータもあります。上野千鶴子さんの論考『在宅ひとり死のススメ』（文春新書／2021年）には、高齢者では「二人暮らしより、一人暮らしの満足度が高い」というデータが紹介されています。その背景には、前章で述べたように、現在の高齢夫婦の多くが必ずしも幸せな夫婦関係を築けていない実態があるでしょう。それを思えば、「おひとりさま」をむしろ肯定して、配偶者がいないまま老後を迎えた方が幸せだという考え方も十分に理解できます。

「結婚したら幸せ」という単純な図式は、もはや通用しなくなっていること。本書を通して見てきたのは、そのような現実です。青春期から家族に尽くすヤングケアラーの存在や、年端もいかない子どもへの幼児虐待問題、夫婦間のDVなど、深刻な家庭問題も報道されるのは氷山の一角にすぎません。「性別役割分業型家族観」が崩れない日本では、長時間労働で苦しむ男性の対比として、ワンオペ育児で心身憔悴する女性ももはや少数ではありません。

もちろんこうした諸問題は、日本だけの課題ではありません。世界中見渡しても、「DVや虐待がゼロ」という国は存在しないはずですし、どこの国でも夫婦の不仲や、子育ての苦悩は見受けられます。ただ日本が特に問題なのは、結婚や家族にまつわる諸問題が大きな「社会現象」にまでなっていること、そしてその解決の糸口が現状では見えてこないことです。

「結婚生活の不幸」の多様さにも私は圧倒されています。新聞の人生相談コーナーで回答者の役割を務めている特殊な立場上、世の中の「夫婦・家族の不満」情報が特に集まってきやすいのかもしれません。ですがそうした状況を差し引いても、よくもまあこれだけ多くの夫婦の不満や、配偶者に向けた怨嗟の声が世の中にあるものだと感心してしまいます。調査すれば「幸せな夫婦」は確実に多いのでしょうが、ドラマやSNS、ネットニュースを見ても、大量の「不幸な夫婦」の前にはかき消されてしまう勢いです。

社会全体が「他人の不幸」を待ち受けている――。そんな風にふと感じてしまう瞬間もあります。「他人の不幸は蜜の味」「メディアは不幸の現場を求めている」現象は今に始まったことではありませんが、これほど量も質も不幸の多様さに溢れている時代は、ちょっと珍しいのではないでしょうか。

今どきの「サンクション」欲

前近代社会の日本、例えば江戸時代までの不幸のネタは、ある程度類型分けが可能でした。当時の「不幸」は、いわば自分の努力の範囲外である神仏のせいであり、自分のせいではありませんでした。神様のせいですから、神様にお祈りすることはできても、ある意味「仕方ない……」という諦観が生まれ、人々はそれを受け入れ呑み込んでいたはずです。

あるいは昭和の貧しい時代を知る世代からは、「俺たちだって人並み以上の苦労をした。最近の夫婦の悩みなど大したことない」という声が上がるかもしれません。ただこれも、時代の変遷は無視できません。終戦後の高度経済成長期には、坂本九さんが歌う「上を向いて歩こう」を体現するが如く、人々は明るい未来を信じて歩くことができました。たとえ不幸のネタが日常に見受けられても、他人の不幸に執着し続けるより、自分の未来のために努力する人が圧倒的に多かったものです。その方が、より幸せに近づくことを知っていたからでしょう。もとよりSNSもインターネットもない世界では、「幸福な家族のカタチ」も「不幸な家族のカタチ」もそれらのリアルな情報は外から勝手に飛び込んではきません。せいぜい自分と友人知人、親戚の夫婦の姿を知る程度だったことでしょう。

しかし今、SNSを中心に人々の心に渦巻いているのは、「自分が不幸なのに、他人が幸福であるのは許せない」という怨念のようなものです。「他の人がこんなキラキラした家庭生活を営んでいるのに、私だけが不幸なのはおかしい」「自分よりもっと悲惨な家庭がある」と、より不幸な事例を探し求めてＳＮＳのザッピングを繰り返す。インターネット上に溢れる他人の不幸話は、一種の麻薬のような効果をもたらしているのかもしれません。

「自分が不幸でも、他人が不幸なら耐えられる」という発想は、赤の他人よりも、「(元)配偶者」「元恋人」相手に向けてより強く放たれます。

恋愛・結婚・未婚・離婚にまつわる相談コーナーで、近年目立っているのが、相手への「サンクション(社会的制裁)」欲望です。恋愛や結婚に失敗したという感情を、物理的な慰謝料や養育費に昇華させて回収したい願いはこれまでも存在しました。「相手が後悔すればいいのに」という欲望も、ある程度理解の範囲内です。ただしそれらを超えて、**「相手が社会的にまっとうな道を歩めなくしたい」「相手には自分より不幸になってもらいたい」という怨嗟の念**が、数として増えてきた印象を抱くのです。

例えば、ＳＮＳの相談コーナー「大手小町」(読売新聞オンライン)には次のようなものがありました。離婚間もない女性で、元夫の社会的地位を決定的に損なうためにはどうすればいいか、と真剣に訊ねている人。結婚を期待していた男性から断られた若い女性で、その男性の勤務先に彼の不利益な情報を流す策を思案している人。

これらもインターネット時代ならではの現象です。かつてなら、この二人のような願いを実現するには、それなりの労力とコストが必要でした。男性の不利益になる情報を調べ、ビラなどを大量に印刷し、会社や住んでいるエリアに配りまくるなどという行為には相当の労力や時間、お金が必要になります。だから大抵は妄想段階で諦めていた行為が、今や指一本の操作で可能になりました。スマホで相手の個人情報を収集し、それを意図的に晒し、風評被害を拡散することは現代では容易です。その手段や体験談などもネット上に日々溢れています。

近代以前の社会では、結婚・未婚・離婚に関するトラブルは共同体による制裁につながるリスクもありましたが、近代化以降はそうした世間圧は限りなく減少し、「個人」が自由に人生を謳歌できる時代になりました。それが今になって再び「サンクション」欲望が復活したのは、ある意味興味深い時代の変化です。

未婚社会は「中流脱落恐怖」の化身

日本の結婚生活は、「不幸の共同体」に陥りかけているのではないでしょうか。高度経済成長期には、「今は不幸でも、これから幸せになれる」と多くの人が夢を見られたのに対し、今の日本は、「現在、不幸」なら「今後もずっと不幸」と思うしかない社会状況であるように見えます。

人生のステップアップを望めない非正規雇用者がこれだけ多い日本で、しかし現在いちおうの安定を享受している中流層も、不安から逃れることはできません。わずかに気を抜けばすぐさま現状のステイタスから下流に滑り落ちてしまう恐怖に、特に現役子育て世代はからめとられています。

「自分だけなら、どうにか無事に人生を送れそうだが、我が子は自分と同じランクの人生を歩めるだろうか?」

その不安が、昨今の塾歴社会に表れています。幼少期から学習塾に通い、小学校高学年ともなれば、弁当持参で夜学を日常とする姿を年配者は理解できません。

「子どもは子どもらしく、外遊びをしていればいいのに……」

内心はそんな思いの親もいるはずですが、それでも100万円近くかかる塾代・習い事代を捻出しようと必死で働くのは、そうでもしないと「我が子が脱落してしまう」という危機意識ゆえです。中学受験の教育費で破産するという、「中受破産」という言葉も生まれているほどです。

では、何から「脱落」するのでしょう。

「中流層からの脱落」です。

拙著『希望格差社会――「負け組」の絶望感が日本を引き裂く』(ちくま文庫)で、日本社会が上流と下流に二極化している現実に警鐘を鳴らしたのは2004年のことでしたが、あれから20年が経ち、現状は改善されるどころかますます悪化しています。

かつて「一億総中流社会」と言われた日本で、今も「自分は中流」とみなす国民は多いのですが、実態はすでに「下流」であるケースは少なくありません。2023年に厚生労働省が発表した「国民生活基礎調査」では、21年の日本の相対的貧困率は15・4%で、先進国中最悪の値でした。「相対的貧困」とは、等価可処分所得(世帯可処分所得を家族人数で割った数字）が中央値の半分未満で暮らす人々のことです。日本の場合は1人当たり127万円未満がそれに当たります。

「相対的貧困」は、目に見えにくいのも特徴です。食べ物や衣服にも事欠き、飢えや無学に苦しむ「絶対的貧困」と比べれば、いちおう屋根のある家に暮らし、何とか食べるものはあるし衣服もある。しかも、格安スマホも持っているとしたら、その人のリアルな経済状態などは傍からはなかなか窺えません。

それでも日本で暮らすにあたり、年間127万円という数字は厳しいのが現実です。公立学校には通えても、制服やランドセル、修学旅行費用を捻出できない、冷蔵庫や洗濯機を買えない、冠婚葬祭のためのお金の用意やスーツの新調ができない、皆で楽しむ旅行や飲み会に参加できないなどなど、経済的理由から「皆と同じ」生活水準を得られない状況です。そういう人々が、およそ6～5人に1人の割合でいる国が、今の日本なのです。

自己責任論が跋扈する日本では、病気や怪我、うつ病やいじめなど、人生の蹉跌のきっかけは本人の力が及ばない部分にも潜んでいます。就労においては、起業や転職、自分探しなどの〝空白の期間〟も高リスクです。多様性の時代とはいえ、日本はまだまだ「新卒一括採用社会」であり、王道の「高学歴・高収入企業への就職」「公務員としての安定」「医師や看護師など手に職」をつけさせた方が、人生の保険となる――。こうした通念こそが塾歴社会の過熱を招き、同時に「下流には落ちたくない」「自分よりひどい不幸がある」ことを確認したい欲求、もしくは他人へのマウンティング行為にもつながっているのではないでしょうか。

私が日本を「不幸の共同体」とみなすのは、「人間は差別したい生き物である」ことに加え、「差別することでようやく安心できる」「下流を見下すことで自分は正しい、自分は下流に落ちないと思える」という心理的な脆弱性が社会の根底にあるからです。

結婚相手に学歴と職歴と高身長と顔面偏差値を求める若者の心理にも、「わがまま」「夢見がち」「ないものねだり」以上に、極めて怜悧（れいり）な「現実主義者」が隠されています。今はかろうじて「中流」の体を装い生活していても、いつ「下流」に落ちるかわからない、もしくは自分の子も「中流」でいられるかわからない恐れ。だからこそ**結婚相手には、人生の保険をかけられる十分な資質がなくてはならない**となるのです。

「一億総中流社会」から「格差固定社会」へ

重要な点なので、「格差」をめぐる話を続けます。

歴史上、少数の貴族階級が世代を超えて、「富」や「教育」、「生活・結婚」環境を継承していく社会を「アリストクラシー」（身分社会・貴族社会）と呼びます。本書でも繰り返している通り、江戸時代までの日本はまさに「身分社会」であり、本人の出自に応じた生活環境と教育レベルが厳然としてありました。成人後も同じ身分の人間と結婚し、家庭を築き、次世代を生み育ててきたのが日本の歴史です。

明治維新以降、その「身分社会」が崩壊し、建前上は「個人」の努力で人生を切り拓いていく社会になったことも、すでに見てきた通りです。さらに、太平洋戦争後は国土が焦土と化す中、それまでの社会秩序や階級も崩れ去り、人々は新たなスタートラインに立ったように見えました。「アリストクラシー」から「メリトクラシー」（能力・業績主義）への移行です。生まれ持った知能と、本人の努力次第で成功をつかむことも可能。意欲さえあれば誰もが働ける時代には、学業も就職も結婚もかなりの部分を「努力」で補い、障壁を突破することができました。

「やる気さえあれば、仕事はある」し、「結婚したいと望めば、結婚できる」「頑張れば給料も上がっていく（男性限定ですが）」前提が高度経済成長期を通じて続きました。団塊世代が今も「自己責任論」を語るのは、こうした背景が影響しています。「人生の成功も失敗も、本人次第」ということです。

しかし今、日本社会で「メリトクラシー」は通用するでしょうか。「俺は小学校しか出ていないが、最終的に日本国の総理になった」実体験は、リアリティを持って若者の心に響くでしょうか。「裸一貫で、財を成した先人たちに続いて、俺も（私も）」と夢を見られる人が、今の日本社会にどれだけいるでしょうか。

世の中は明らかに「アリストクラシー」の時代に逆戻りしています。あるいは教育学者の志水宏吉さんが『ペアレントクラシー――「親格差時代」の衝撃』（朝日新書／2022年）で明晰に論じているように、親の経済状態や成育環境もしくは教育計画が、子の成長に決定的な影響を及ぼす時代に変容しているのです。親の「経済状態」と「願望」が、親子の「選択肢」を増幅させる社会。だからこそ親に「経済状態」の欠落があれば、どれほど「願望」があれど、子の「選択肢」は限られてきます。そうした社会背景的文脈を無視して、「最近の若者は結婚に対する意欲がない」「子を生み育てる気がない」と、安易に嘆くことはできません。

結婚にタイパ・コスパを求める世相

こうした社会背景は、日本人に「結婚」＝「愛情」＋「経済的安定性」という概念をもたらしました。その現象が極まると、世の中はこうなるのか……という意味で深い印象を受けたのが、北京在住の斎藤淳子さんによる『シン・中国人——激変する社会と悩める若者たち』（ちくま新書／2023年）でした。中国人と日本人ではもとより異なる結婚観（家族観）がありますし、夫婦別姓が進まぬ日本とは違い、中国は元来が夫婦別姓制です。社会主義を経ているので、夫婦共働き世帯も多く、離婚率も上昇します。また、主導者の一存で一夜にして国の制度や方針が変わり得る国では、人生の不確実性も日本以上に増すことでしょう。それゆえ受験戦争や婚活も熾烈（しれつ）です。

より確実な人生の切り札を得るために、人々は「結婚」や「家庭」「我が子の教育」にも、綿密に計画と数値を求めるようになるのです。結婚相手の条件として、住む場所、職業、年収などの数字が、「愛情」以上に重要になってくる様相は日本以上ですが、「結婚」「離婚」「婚活」「恋愛」にコスパやタイパを求める動きは、日本と重なって見えました。

相手とじっくり付き合い「恋愛」のプロセスを楽しみながら関係性を育むより、明確な結果を短時間で効率良く得たい。恋愛そのものが面倒くさい。そう考える若者が日本でも増えています。マッチングアプリなどで、効率良く自分のスペックと相手のスペック（かつてなら「釣書（つりがき）」）をすり合わせ、無駄なく結果を求める人々が増えたことはインターネット時代の影響です。「お見合い」の世話をしてくれる地域のおせっかいおばさんや職場のおじさんが消え、組織化された社会から個人化の時代に移り変わった昨今では、救いとなっている面もあるでしょう。

しかしながら、問題があります。「結婚」や「恋愛」は、家の物件探しのようにはいかず、数字や合理性が当てはまらない点です。当然と言えば当然でしょう。結婚や恋愛相手である他人にも（自分のように）意思や感情があり、望んだ相手から自分が選ばれるとは限らないからです。赤の他人と生活を共にすれば、不条理、不合理な諍いや葛藤も生じるものです。ところが、その不条理な世界にタイパやコスパを求めるとどうなるか。一言で言えば、破綻です。恋愛（結婚）が自分の思い通りにいかない結果、「そこにかけた時間と労力とコストを返してくれ！」とキレる人が増えていくのです。

ある再婚・子連れカップルが、不和をきっかけに二度目の「離婚」をしようとした時の話です。再婚後、夫となった男性は、妻となった女性の連れ子も献身的に可愛がり、きちんと養育していたといいます。しかし、またしても「離婚」となった途端、結婚生活の間に子どもにかけた養育費を「返してほしい」と女性に要求してきたそうです。結婚中、夫婦仲は比較的良く、離婚の際も大して揉めることなく話し合いが進んできたからこそ、その残念な要求に女性の側は驚きました。最終的に夫の母親まで登場し、「生物学上の他人である子に投資した金銭は回収できて当然」なる旨を主張したと聞きます。

こうなるといよいよ**「家族」とは何か、「夫婦」とはいったい何であるか。**そうした本質的な問いに還らざるをえなくなります。

血縁の共依存がもたらす未婚社会

「夫婦って、別れられる家族なんだと思います」

本書の冒頭で紹介したテレビドラマ『カルテット』のセリフを、もう一度ここで振り返ってみましょう。

前項で述べた男性のような存在にとって、「夫婦」とは、いつでも解消可能な関係性です。同時に彼にとっては、「子ども」も別れられる存在です。もちろん元妻の連れ子に、血のつながりはありません。離婚後は、養育する義務がなくなるのはわかります。

しかしまがりなりにも、一時期は「家族」として時間を過ごし、共に食事をし、レジャーを楽しみ、学校のイベントにも参加し、親子としてその成長を見守ってきたはずです。この夫婦の親密さの程度は知りませんが、決して仲は悪くなかったとのこと。おそらく女性の連れ子に対しても、一定の愛情は注いできたことが想像されます。にもかかわらず、いざ「家族」解散となったら、過去のお金までをも回収しようとする心理の背景には何があるのでしょう。「結婚」＝「愛情」＋「経済的安定性」のうち後者をとことんまで追求すると、「結婚生活」にかかったコストも回収しないと損、という考え方でしょうか。

いったい「家族」とは何なのでしょう。

「血のつながり」だけが「家族」であることの絶対条件ならば、「夫婦」も所詮は赤の他人。この男性の「家族」とは、血のつながった自身の両親と我が子だけになるはずです（きょうだいがいればそれも含めてですが）。

でも、それではあまりに寂しい「家族観」ではないでしょうか。いずれ彼の両親は彼より先に亡くなるはずです。「連れ子にかけた養育費を払え」と再婚生活にまで乗り込んでくるほど息子への愛に満ちた母亡き後、彼は誰と生きていくのでしょうか。「血のつながった我が子」もいずれは結婚して独立していくでしょう。その時、この男性にとっての「家族」として、いったい誰が残るのでしょうか。それとも「血を分けた我が子の新たな家族」に口を出していくのでしょうか、彼の母と同じように。

ちなみにわかりやすい例として、今回はこのケースを挙げましたが、似たような話は実は世の中に溢れています。これは「パラサイト・シングル」のロジックと重なります。「血縁関係」に依存し、実家に寄生し続ける子は（物理的に寄生していなくても、精神的に自立していなければ同じです）、独立して結婚しても心理的・経済的・労働的に親から真の自立ができません。親も「愛する我が子のため」、立派に成長した子の結婚生活に、自らの価値観と常識と世間体を持ち込み、ただでさえ混乱気味の「選択肢」を増やしてしまう。自立とは真逆にある、家族愛という名の共依存です。

「血縁関係の絆」に囚われすぎなのは、日本社会全体の傾向かもしれません。幼児虐待問題が発覚するたびに思うのは、虐待の可能性を自治体や保育所、学校、近隣住民が気づいていたにもかかわらず、「血のつながり」がある親子の不可侵な絆に遠慮して見過ごしてしまう現状です。

もちろん親子の愛情、家族の絆は大切です。しかし、「家族の絆」を過剰に美化し、同時にその「家族の絆」に次世代養育のすべての責任を負わせてきた結果、様々な悲しい事件も数多く生まれてきました。その事象は、多くの日本人を「結婚」「家族」「出産・育児」から遠ざけている現象ともしかしたら同根なのではないでしょうか。

日本の政治家は、女性を「産む機械」呼ばわりしたり、同性愛カップルの「結婚」を、

「生産性がない」と認めなかったり、「結婚」の「愛情」面を軽視しすぎです。あたかも「経済的安定性」や「生産性」だけで「結婚」を測っているかのように。いかにもかつて驚異の経済発展を遂げた国ならではの現象だと言えばそうですが、そろそろ**「結婚」そして「家族」を、経済的生産性で測ることは放棄すべき**ではないでしょうか。

そもそも「結婚」とは何か、「家族」とは何か。「血」を介さない「家族」「夫婦」の絆とは何であるか。今、私たちが生きている少子高齢社会とは。それらを一人ひとりが真摯に考える時機でもあるのです。

件の男性の話に戻れば、彼もいずれは経済的に〝弱者〟の立場に立ち得るのです。働いて稼げる年齢が過ぎ、高齢者となり他者からの介護が必要になった時、それまで「経済性」を振りかざしてきた人は、何のインセンティブで自らのケアを他者にしてもらうのでしょうか。家族に対し、「愛情」よりも「経済性」を重視した人は、老後の介護もひたすら「経済性」を担保に、ケアを求め続けるのでしょうか。しかし、稼がず生産性を失った人が、どうやって「経済性」を維持できるのでしょう。たとえ、お金で介護を買えたとしても、それが充実した人生と言えるでしょうか。

そうではなく、結婚のもう一つの要素「愛情」をよりどころに彼の心身をケアしてくれる「家族」の存在こそが、数十年後の彼にとっては必要になるのではないでしょうか。

配偶者と他人との最大の違い

本書も核心に入ります。ここでの問題提起は、「結婚」「夫婦」「家族」の特別性とはいったい何か、という問いです。

「血」でもなく「経済性」でもない、「結婚」「夫婦」「家族」を結びつけるものは何なのか。もちろん「愛情」という答えもありますが、もう少し厳密に定義してみたいのです。

日本人は「愛情の分散投資」が得意だと述べました。互いに100％の愛情を交わし合う夫婦生活ではなく、子どもや友人、アイドルやアニメのキャラクター、キャバクラのスタッフやホスト、ペットや〝推し〟など、複数の対象に「愛情」を「分散投資」する生活に違和感を持たない社会です。夫婦間に愛情が欠けていても、自らの心の平穏と親密関係を満たす方法が日本には溢れています。仮に夫を「ATM」や「濡れ落ち葉」呼ばわりしようと、日本人にとって「結婚（生活）」「夫婦（生活）」「家庭（生活）」は可能です。夫は夫で、仕事終わりにメイド喫茶やキャバクラで盛り上がり、深夜帰宅で妻とはほとんど会話がなくても「結婚（生活）」を持続できます。

ペットに関する意識調査を行っている中で驚くことがあります。「一緒にいてリラックスできる、よく甘えさせてくれる対象は誰か」という問いに、配偶者ではなく「ペット」と答えた人が少なからずいたのです。「いざとなったら助けてくれるのは誰か」という問いにも、「ペット」と答えた人が何人もいました。いったいどうやって助けてくれるのか謎ですが、人生の「生きがい」「愛情相手」として「ペット」を最優先に挙げる人が多いことはとても印象的でした。おそらくそうした生きがいや愛情相手に、キャバクラの女性や、ホストクラブの男性、推しのアイドル、大好きなアニメの主人公を挙げる人もいるでしょう。

だとすれば、現代社会において「結婚の特別性」とは何でしょうか。

友でもなく、同僚でもなく、ましてやセフレでもなくたった一人の「この人」を選ぶ理由、「この人でないとだめ」という特別性は何なのか。この問いに、古今東西の哲学者や文化人類学者、社会学者たちも大いに頭を悩ませてきました。

【犬、ネコの飼い主限定】(総数487人) (単位:%)

	一緒にいて一番落ち着く	一緒にいて一番楽しい	普段の出来事をよく話す	あなたが最も大切に思える	あなたのことを一番に考えてくれる	あなたに何かあった時に助けてくれる
配偶者	31.8	20.9	39.6	27.1	38.2	42.9
両親	6.8	3.3	9.4	10.5	22.4	22.2
子ども	10.3	18.7	13.8	26.7	8.0	6.8
その他の家族、親戚	1.6	1.8	2.5	2.3	2.7	2.9
恋人	3.1	3.7	4.1	2.1	3.1	3.3
友人	3.5	14.6	9.7	2.7	2.3	4.3
美容院やサロンの店員	0.4	0.2	0.4	0.4	0.4	1.0
スナックやバーのママやマスターなど	0.2	0.2	0	0.6	0.4	0.4
キャバクラやクラブのキャストなど	0.4	0	0.2	0.2	0.6	0
ペット	30.8	26.3	8.4	18.5	7.2	4.7
その他	0.4	1.0	0.8	0.4	0.6	0.6
そのような人はいない	10.7	9.2	11.1	8.6	14.0	10.9

家族におけるペットの位置づけを示すために、他の親密な関係性とペットを比較した「ペットの家族化の進展とその帰結」より(筆者による2022年調査)。対象者全員の結果は左図で、犬、ネコの飼い主限定の結果は右図。両図を比べると、すべての質問において「そのような人はいない」という回答が半減していることがわかる。

図5-1　ペットの家族化を示す親密関係の対象調査

【調査対象者全体】（総数2225人）　（単位：%）

	一緒にいて一番落ち着く	一緒にいて一番楽しい	普段の出来事をよく話す	あなたが最も大切に思える	あなたのことを一番に考えてくれる	あなたに何かあった時に助けてくれる
配偶者	33.7	22.2	37.9	25.3	34.3	37.3
両親	11.3	5.0	12.0	14.5	25.7	25.0
子ども	12.4	20.4	11.2	28.1	7.6	6.5
その他の家族、親戚	1.8	2.6	2.7	2.5	2.1	3.3
恋人	4.9	4.7	4.4	4.3	3.5	3.1
友人	4.9	16.8	9.9	3.0	2.6	4.7
美容院やサロンの店員	0.2	0.4	0.4	0.5	0.4	0.6
スナックやバーのママやマスターなど	0.2	0.3	0.1	0.3	0.3	0.2
キャバクラやクラブのキャストなど	0.2	0.3	0.3	0.2	0.3	0
ペット	7.4	6.2	2.0	4.4	1.8	1.1
その他	0.8	1.1	1.2	0.5	0.6	0.6
そのような人はいない	21.9	20.0	17.9	16.4	20.8	17.3

おそらく**「その他大勢」の存在と「配偶者」の最大の違いは、そこに双方に「継続的契約」が存在するかどうか**です。どれほど熱愛関係であろうと、どれほど相手にのめり込もうとも、そこに「今後、継続的に人生を共にする」という「契約」が存在しなければ、それは「結婚」と言えるのでしょうか。

神への「契約」、共同体での「契約」、教会や市役所に届ける「契約」……。成婚に至る形式には各時代、各国で様々な手続きが存在しますが、少なくとも現代の先進諸国では、「婚姻届」という「契約」を役所に届けることで「結婚」は成立します（これは、準結婚ともいえるパートナーシップ登録でも同じです）。友人やセフレやキャバクラ（キャスト）、ホストやペットは、その「契約」を当人とは交わさないという明白な違いがあります。どんなに親しい友人でも契約を交わすことはしないでしょう。

その「契約」に至る前提、つまり「特別性」を西欧社会は「愛情」で測ります。「他の誰よりも愛している」から「結婚」する。逆にその「特別性」が薄れたら、「契約は解消可能」です。

日本では、どうでしょう。「結婚」という名の「契約」において、何を最重要視すべきなのか。何があれば「結婚」は持続可能で、何が欠けていると、その「結婚」は終わるのか。その観点を、本書のまとめとして考察していきます。

性愛抜きの結婚という問い

2019年、一冊の翻訳書が日本で刊行されました。『最小の結婚――結婚をめぐる法と道徳』（エリザベス・ブレイク著、久保田裕之訳／白澤社／原著2012年刊）です。かなり厚い本ですが、「結婚」「家庭」に関する矛盾や齟齬、そして葛藤に哲学的な光明を投げかけました。

著者のブレイクの主張を要約すると、核となるメッセージはこうなります。

- 現在は、異性恋愛に基づく「結婚」制度が一般的だが、必ずしも異性恋愛をベースに置かずとも、人と人が互いにケアをしあう関係性がもっと重視されるべきである。
- 「結婚」と「出産・育児」は、別の要素として分離すべきである。
- 「結婚」の目的や役割は、現在のそれよりもっと「最小に」再定義されるべきである。

私もおおむね賛成ですが、少々解説も要るでしょう。日本文化と欧米文化の違いもあり、より日本的な形でのアプローチが必要だとも感じています。

欧米では「結婚＝愛情」であるという話を再三述べてきましたが、より端的に言えば、「結婚＝性愛関係」となります。有史以来、人間は子孫繁栄のため異性とセックスをし、次世代を生み育ててきました。動物界では多様な子育てが見られますが、ヒトの場合、子を安全に育てる環境確保のためにも結婚制度は発展してきたと言えます。「結婚」の目的は「生殖」であり、それを「イエのため」と捉えるか「社会のため」とするか「個人のため」とみなすかの違いはあれども、「性愛関係」が結婚には不可欠であると西欧では考えられてきたわけです。

自然人類学者のヘレン・フィッシャーは、世界中で「結婚後4年の離婚が統計的に最も多い」という結果を導き出しましたが、恋愛初期のワクワクする高揚感が4年で冷めるのは、子を妊娠・出産し、その子どもがひとりで歩きだすまでの期間がおよそ4年であるのを考えると極めて合理的です。「結婚＝性愛関係」であるならば、数年間隔で「結婚」「離婚」を繰り返していくことは、生物的に理に適っているとの意見もあります。

ただしブレイクは、そうした性愛関係を前提とした結婚に、異議を唱えます。結婚が性愛を基盤とするならば、そこには厳然たる排他性が常に生じるのではないか。そしてそれは、多様化する社会にとって望ましいものではなく、だからこそ結婚に付随する様々な特権を見直す、すなわち「最小化する」必要があるのだ、と。

例えば、生殖可能な年齢を過ぎた高齢者同士の結婚や、子をなさぬ同性婚、友情をベースにした友情婚など、「結婚＝異性同士の性愛関係」に限定しない関係に着目し、現代社会の結婚の再定義を促したのです。

「性愛関係が終わった（あるいは性愛抜きの）結婚」にも価値があるというテーゼは、大きな示唆を与えてくれます。というのも、日本人は欧米人に比べて、性愛関係については一般的に淡泊です。セックスレス夫婦や、寝室を共にしない日本人夫婦の多さに欧米人は驚きますが、逆に日本人は、人前で手をつなぎキスをして密着する欧米タイプの高齢夫婦に驚きます。善し悪しではなく、これは文化的な違いです。日本では、結婚生活において「セックスレス」＝「関係悪化」「相手を嫌っている」とは限らず、関係が良好でもセックスをしない夫婦はいますし、その観点のみで関係性を語ることはできないということです。

「ケア」という他者との絆

「結婚＝異性同士の性愛関係」と狭く定義してしまうと、「結婚」に当てはまらないカップルが大勢生じてきます。「異性同士の性愛関係」以外の尺度で「結婚」を捉え直すと、高齢結婚や同性愛など、「多様な結婚のカタチ」も説明することが可能です。

そこでブレイクが提案するのが、「ケア」の概念です。仮に4年の「性愛期間」を経て、互いへのセックスの相手としての関心は薄れたとしても、そこにはまだ家族としての愛情が残っているはずです。あるいは一対一のセックスを介さない関係性でも、友人以上の親密性は存在し得るはずです。

その絆を名付けるならば、何になるか。

それが「ケア」の精神だとブレイクは述べます。それも介護現場のように不特定多数に対する「ケア」とは異なり、互いが相手を熟知する関係者同士が、利害関係を超えて思いやる「親密性（intimacy）」を土台とした「ケア」である——そのように述べています。

ただし、この「ケア」という言葉には注意が必要です。カタカナ外来語としての「ケア（Care）」という言葉は、日本では欧米とは別の意味で捉えられがちです。「年老いたらケア（介護）が必要だから、そのために結婚がある」とでも言うように、身体的な世話に限定されやすいのです。身体的な世話＝ケアであれば、お金で買うケアも含まれるので、ブレイクの趣旨から外れます。

本来の「ケア」とは、もっと広義な意味で使われます。高齢者や身体障害者への介護の他、赤ちゃんのおむつを替えて授乳をしたり、怪我をした人や精神的に落ち込んでいる人を励ましたりするのもケア。日常的に生活を共にする者同士が、愛情を示してハグをしたり、セックスをしたり、その結果として妊娠し、出産や育児をしたり、こうした領域にもケアの概念は生きています。いわば**「いつくしむ」といった、人と人との親しい関係性を**

表す用語でもあるわけです。人生を送る上で欠かせない概念であるのは言うまでもありません。

当たり前のことですが、人はひとりでは生きられません。自らの力だけでこの世に生を享ける人間はいませんし、幼少期には授乳して暖かい衣服を着せ、抱っこして寝かしつけてくれる存在がいないと生きていけません。基本的な愛着形成のみならず、生物としての栄養価も十分に受ける必要があります。それればかりでなく成長に合わせて衣服を用意したり、歯磨きや体を清潔に保つ方法を教えたり、他者とのコミュニケーション法や、心身共に健康に生きていくすべを授けてくれる存在も必要です。それを主に担うのが母であり、父であり、姉・兄・祖父母だったりするのです。

思春期になれば、体の成長と心の成長の間でバランスを崩しがちです。受験を乗り越え、社会にこぎ出し、仕事を持ち、納税をし、選挙権を得て、立派な社会人として自立したように見えても、「ケア」が不要になるわけでは決してありません。

過労や風邪、精神の疲れや、妊娠や出産、育児と仕事の両立や、更年期障害や親の介護に悩む日々もあるでしょう。一筋縄ではいかない人生のあらゆる局面で支えてくれる他者の存在を感じ、励ましを受けてこそ、人は「明日も頑張ろう」と思えるのです。

ホストクラブの「あの人」や、あの店の「あの子」や、アニメの「推し」といった存在は、対価を交換してこその関係性です。それこそ「富める時も、病める時も」自分と人生を共にし、心の痛みを両者で分かち合う関係性こそが、「結婚」における最もシンプルな「特別性」だと呼べるのではないでしょうか。

互いの人生に「コミット」する覚悟

ブレイクの言う「ケア」は、日本語に言い換えると「思いやり」だと思います。より表現を変えれば、「コミットメント」と呼べるかもしれません。

戦国時代に日本に着いたヨーロッパの宣教師たちは、「アガペー（愛情）」を「お大切」と訳しました（『翻訳語成立事情』柳父章著／岩波新書／1982年）。つまり、相手をいつくしみ大切に扱う行動は、すべて「ケア」に含めてよく、それを相互に行う関係性を「コミットメント」関係と呼んでもよいかもしれません。

物理的には遠距離恋愛夫婦で、日常的に身体的接触はなくても、スカイプなどでお互いの健康や生活を思いやり、愛情を交換している夫婦がいれば、それは「結婚（生活）」を満たしていると言えるでしょう。反対に、一つ屋根の下に暮らしていても、相手を思いやる気持ちがなく両者の感情が冷えきっていれば、それは「結婚（生活）」とは呼べません。あるいは定年退職後、四六時中寝食を共にしていても、夫から妻への声がけが「おい、お茶」と相手を〝機能〟としかみなしていなければ、そこには「愛情」も「ケア」も「思いやり」も存在しません。「夫が寝たきりになった時が復讐の時です」とこぶしを固める妻もまた、夫の人生に「コミットしよう」とは、もはや思わなくなっているはずです。それは、「結婚」状態にあるとは言えないのです。

ドイツの哲学者イマヌエル・カントは、『実践理性批判』（1788年）の中で、人間関係を、相手を手段として扱う関係と、相手を目的として扱う関係に分けました。そこで、「相手を手段としてだけでなく目的として扱うべき」ということを主張しました。カントは、相手を手段として扱ってはいけないとは言っていません。お金さえあれば、毎日楽しく生活を送ることができます。しかし、それだけでは幸せな生活を送れないというのがカントの主張です。

カントの議論を結婚に当てはめると、相手を「機能」ではなく、存在そのものを「目的」として欲し、互いの心を満たすための努力や信頼がそこにあるか。相手の人生に、自分の人生をフルコミットする意志があるかどうか。それこそが、「結婚」が良好であるか否かの証ではないでしょうか。

辞書で「コミットメント（Commitment）」を引くと、「委託」「約束」「公約」「言質」などが出てきます。「責任を持った約束」もしくは「相手の人生に責任を持って関わる意志」といった表現で、本書では使いたいと思います。

現代社会において、代替不可能なものは決して多くはありません。家事ならば家事代行サービスがありますし、料理だって総菜宅配サービスがあります。妻や夫が肉体的に満たしてくれないなら、性風俗は日本に溢れかえり、精神的な癒やしは子どもや友人、ペット、アイドルやホスト、ホステス、レンタルフレンドなどいくらでもあります。病気になっても医療介護が充実しており、身体的ケアも福祉サービスに依頼できます。世の中の困りごとも弁護士など各種専門家がいて、お金を払えば何でも可能な社会です。

だからこそ、「夫もしくは妻でないと満たせないものは何か」という問いが生まれるのです。それに対する私なりの答えが「コミットメント」ということになります。

「一緒にいて楽しい」「一緒にいるとホッとする」「相手に幸せになってもらいたい」「その喜ぶ姿を見たい」「相手が悲しめば、自分も悲しい」「人生の危機は共に乗り越えたい」、よりシンプルに「老後二人でのんびりお茶を飲んで、一緒に過ごしたい」と思えるかどうか。それは願いでもあり、意志でもあり、より強い言葉で言えば、覚悟なのかもしれません。相手の人生と自分の人生を重ね合わせて継続的時間を歩む**「コミットメント」の覚悟こそが、「結婚」**なのかもしれません。

「コミットメント」VS.「共依存」

そんな「コミットメント」は、自立した者同士の関係であることが前提となります。「依存」とはそこが、根本的に大きく異なる点です。

イギリスの社会学者・アンソニー・ギデンズが「純粋な関係性」を提唱した時、いわゆる「共依存」とは似て非なるものであると述べています。カントの言葉で言い直せば、「コミットメント」とは、相手の存在そのものを目的として求め合うこと。「依存」とは、相手を自分の人生を守るための機能または手段として必要とすることです。

私たちはここまで「パラサイト・シングル」をはじめ、「結婚」に介入してくる親の存在、そんな親に頼る子の存在を見てきました。あるいはDV配偶者や、モラハラ、ヒモ状態の人も基本的には同じです。「あなたのためよ」「お前のことを思っているんだ」「お前のせいで」という言葉の裏には、その存在を自らの精神的支柱として活用しなくては自立できない不安が潜んでいます。ひとりで存在し続けることはとても怖くてできない。だから「愛」や「恐怖」などの心理を活用して相手を見えない形で支配し、自分の意思が及ぶところに置き続けようとする。それが、「パラサイト・シングル」も含めたあらゆる共依存の本質です。

どのような親子でも、夫婦でも、相手のありのままの姿を見ようともせず、利用ばかりを考える相手と長く暮らしていくことはできません。「お金をどれだけ稼いでくるか」「どれだけ小遣いをくれるか」「どれだけ家事育児に参加してくれるか」、こうしたことはすべて相手の機能面しか見ていません。

もちろん、そうなってしまう背景には、経済的に苦しい状況や、長時間労働、「性別役割分業型家族の愛情観」なども関係しているかもしれません。本来、愛し合って結婚したはずの二人が、日々の生活に追われ、精神的にも肉体的にも追い詰められた結果、相手の機能ばかりに目が向いてしまう現実があるのかもしれません。

ただ、そこに共依存ではなく、**相互の自立性を認める「コミットメント」の意識があれば、結婚生活の風景はがらりと変わってくるはず**です。「相手のせい」は、「自分のせい」でもあるからです。

以前、今は亡き女優の樹木希林さんの言葉に私は衝撃を受けました。

「結婚はね、誰としても同じです。相手が誰かではなく、結局自分次第」

本で知った言葉なので厳密には異なるかもしれませんが、さすが酸いも甘いも嚙み分けた人だと感銘を受けたものです。相手の人生に「コミット」する覚悟があるかどうか。それは相手次第というより、自分自身の生き方そのものなのかもしれません。

結婚における「コミットメント」の有無とは

さて、機能不全に陥っている様々な夫婦をここまで見てきましたが、注目すべきは「個人化」の時代になり、生活水準の共有がかつてより困難であるという点です。

昭和も中期頃までは、家族の序列が歴然としていました。家庭の長は家長である男性であり、次に立場が高いのは跡取りたる長男です。その次が引退した高齢の祖父母世代、男子の兄弟たち、そして女性の姉妹がこれに続きます。その中で最も立場が弱く、〝機能・手段〟として扱われてきたのが「嫁」という名の妻である女性でした。

厨房で長時間過ごし、家族のために煮炊き、洗濯、風呂焚きをし、介護や育児の最大の担い手でありながら、扱いは最下位。私の生きた時代でも、「嫁」は家族での外出の際も留守番役だったりという悲しい話がありました。ある意味〝下女〟としての扱いには、その女性に向けた「コミット」の姿勢は周囲に見受けられません。その女性は家族に対して「コミット」しても一方的であり、双方向の「コミット」は存在しない。むしろ、彼女の労働力に家族は「依存」しているわけです。まさに、手段。それも、使い捨て可能な手段としてしか見ていなかったのです。

時代は下り、高度経済成長期になると、多くの「家族」は変わりました。建前上、男女平等の社会が訪れ、夫婦は互いの人生に「コミット」することで「家族」を営むようになっていきます。「結婚」は「イエ」存続のためではなく、独立した二人が取り交わす「契約」に姿を変えました。住居様式の変化で、厨(くりや)はキッチンとして家族の過ごす空間に内在化され、夫婦間の物理的な距離も縮まりました。

この時代は、一家の収入が「家族で使うものに消費された」ことも大きな特徴です。マイホーム、マイカー、冷蔵庫、洗濯機、カラーテレビ、レジャー、インテリア……。家長の稼ぎは一家で使うものに注がれ、家族全員がその恩恵を受けました。

しかし、国民生活が豊かになり、「一億総中流社会」が実現したのちは、消費も「個人化」の道をたどります。もはや家族として最低限必要なものがすべて揃った豊かな社会では、稼ぎは個人を飾るブランド物の服やバッグ、時計や美容、趣味や飲み会、付き合いのゴルフや映画、嗜好品へと姿を変えます。夫が求めるもの、妻が求めるもの、子どもが求めるものはすべて異なり、どこにどれだけ資源配分するかについては個々の意見や要望が分かれ、言い争いも生じてきます。妻が毎月美容院で髪を整えることは贅沢だと言う夫が、毎月のゴルフにはかなりの金額をかけている。また、子どもにかける習い事や塾の費用総額が夫には理解不能で、しかもその金はいったい誰が稼いでいるのかと不満を持つ。しかし妻の側からすれば、その稼ぎをサポートしているのは私であるという鬱憤(うっぷん)が溜まる……、まるで負のスパイラルです。

「個人化」の時代では、それぞれの生活水準も分離していきます。社会学者の神谷悠介さんの同性愛カップル調査の話ですが、互いに仕事を持つ身でありながら、年収には明らかな差があり、その差を日常生活でも厳密に分けている事例がありました。極端に言えば、例えば一緒に外食しても、一方は高所得者なのでフルコースを食べるが、一方はサラダとメインディッシュのみという具合です(『ゲイカップルのワークライフバランス――男性同性愛者のパートナー関係・親密性・生活』新曜社/2017年)。

あるいは異性夫婦でも、夫が高所得者でピカピカのブランド物で身を包み、レジャーを楽しんでいるのに対し、妻は専業主婦で稼いでいないからという理由でぎりぎりの生活費しか与えられず、ボロボロの身なりで我慢しているというアンバランスな夫婦もいました。

その逆もあるかもしれません。妻が日中高級フレンチでフルコースを食べているのに、夫は社食かコンビニ飯という夫婦もいるでしょう。このようなことが日常的に続く場合、**はたして文化的・経済的・生活的水準を共にしないカップル・夫婦は、互いの人生に「コミットメント」しているのか**、という疑問も湧き起こります。

こんな事例も過去にインタビューした中にありました。諸々の事情で離婚したのちも、互いの生活の近況を常に報告し合い、経済的に厳しい女性（元妻）に男性（元夫）が仕送りを続けている。それだけなら美談として終わりそうですが、男性にはすでに再婚相手の女性がおり、その女性がその事実に非常に悩んでいる場合、「結婚」とはまた別の「コミットメント」に現在の配偶者が影響を受けているわけです。または、元カレ、元カノとの関係性が続いている、そのコミットメントの深さで、現在のパートナーが悩むケースもあるでしょう。これらの関係性をどう見るか、という問題も浮上します。

「多様な幸せの家族」を求めて

「愛の反対は憎しみではない。無関心だ」

マザー・テレサはこのように言ったとされています。

本書を締めくくるにあたり、胸に去来するのはこの言葉でした。

無関心。そこにはコミットメントは一切存在しません。

逆に、「喧嘩するほど仲が良い」とも言うように、なんやかやと互いに文句を言いながらも、おそらくそこには何かしらの「相手にコミットする意志」がある。愚痴を言い合いながらも、相手と決定的に別れる意思はない——。そういう関係性は、「結婚」を「コミットメント」の観点から、もう一度振り返ってみるのもいいかもしれません。もしも「経済的安定性」がなくなったら、あるいは「今の若さ」が失われたとしたら、それでも自分はこの人と共に暮らしていきたいかどうか。

「それでもこの人の人生にコミットしたい」

あなたにそんな気持ちがあればやはり、あなたは相手の伴侶であり、相手はあなたの伴侶であるはずです。

でも、もしも相手への愛情はおろか、思いやりも関心も一ミリもないのであれば、その「結婚」はあなたに何をもたらしているのでしょうか。あるいは、あなたは相手に何を与えているのでしょうか。

先の見えないこの世の中で、未来永劫続く確実な関係性も、確固たる人生の確約も存在しません。来年も再来年も確かなものなど何もない中で、でもだからこそ、ある程度持続する安定した関係性がないと、生きていくことは難しいのではないでしょうか。

もちろん「結婚」だって、人生の確たる保証にはなりません。来年別れるかもしれません。でも少なくとも今この瞬間においては、この相手の人生にコミットして生きようとしている。その事実こそが大切なのではないでしょうか。


自分の人生にコミットしてくれる相手がいることは、生きる上での大きなエネルギーになります。自分という存在を選び、承認してくれる相手は、自らのアイデンティティを確立するための主要素となります。「承認欲求」と呼ぶには軽く、「生きる意味」とすると強すぎる。「共に生きる価値がある」くらいでしょうか。

そんな相手がいれば、人生をとりあえず一緒に歩んでみるのもいい。その形は「結婚」かもしれませんし「同棲」かもしれませんし、「パートナー」かもしれません。それは二人の価値観、考え、タイミング、環境で選べばいいことだと思います。

　もしかしたら自分の人生にコミットしてくれる相手は、異性恋愛相手ではないかもしれません。同性相手かもしれませんし、性別を持たない人かもしれません。「友情以上、恋人未満」の関係性かもしれません。それでも相手を大切に思い、その人生にコミットしたいと願うならば、そして社会的に認められる立場を得たいと望む人々がいるならば、それが可能になる社会になるべきだと私は思っています。

　同時に、「結婚」から「人生にコミットする思いやり」以外の要素を、できるだけ取り除く努力も必要ではないかと考えています。要するにブレイクが言うところの「最小の結婚」です。「結婚」から「育児」「教育」「介護」など、国が家庭に負わせてきた多くの負担を軽減させるということです。

　私たち人間は、同時に複数のことをしようとすればするほど、心的ストレスが増し、実現が困難になります。現代日本社会で、「結婚」がゴールどころか新たな不和のスタートとなりがちなのは、「結婚」に、「出産・育児」「教育」「家事」「両親との付き合い」「世間体」「見栄」「仕事」「仕事を頑張る夫を支える配偶者としての立場」「老後の介護」など、あまりに多くの要望が詰め込まれすぎているからです。
「あれも、これも」ではない、「相手の人生にコミットする意志」だけの最小の要素を「結婚」に求めるとすれば、政治や社会がやるべき課題はたくさんあります。本来、個人的なもののはずの「結婚」「未婚」「離婚」問題の前景に、極めて社会的・政治的・経済的事情が複雑に絡み合っているのが現状だからです。後者の社会的問題を放置したままで、日本の少子化が改善される道理はありません。いくら出産一時金を出そうと、男性に育休を数日取らせようと、子育て支援策を打ち出そうと、それは本質的な改革ではないのです。

日本の家族の在り方を何十年にもわたり見続けてきた私としては、そろそろ「不幸な共同体」ではない、「幸せな共同体」としての日本社会を、すなわち「多様な幸せの家族」の在り方をこの目で見たいと思います。そこにはたった一つの正解などありません。**一人ひとりが幸せであることを前提に、そこには多様性があるのみ**です。それがたとえどんなカタチであっても、自分も相手も安心して、健やかに、未来を目指せる希望社会になることを切に願っています。

謝辞

還暦を過ぎ、大学の教員生活も40年近くなりました。先日、ある自治体の課長さんにヒアリングを受けたのですが、「学生時代に先生の講義を受けました」と言われました。昨年卒業したゼミ生に、「母親が先生の講義を聞いていた」と言われたこともあります。

卒業したゼミ生は300人を超えます。学卒後、すぐ結婚した男性もいれば、独身を貫いている人もいます。時々、同窓会を開いて近況を聞くと、本当に様々な結婚の形があることを思い知らされます。本書を書くにあたり、彼らの話、そして、今まで調査に応じてくださった方々の顔が何度も蘇りました。話を聞かせてくださった皆さまに、本当に感謝いたします。さらに編集の大場葉子さん、執筆をお手伝いいただいたライターの三浦愛美さん、お二人と話しながら本書を作り上げる時間はとても楽しかったです。紙面を借りてお礼を申し上げます。

2023年12月

山田昌弘

編集協力　三浦愛美
図版作成　谷口正孝

山田昌弘 やまだ・まさひろ
1957年、東京生まれ。1981年、東京大学文学部卒。1986年、東京大学大学院社会学研究科博士課程単位取得退学。現在、中央大学文学部教授。専門は家族社会学。主な著書に、『パラサイト・シングルの時代』『希望格差社会――「負け組」の絶望感が日本を引き裂く』(共に筑摩書房)、『少子社会日本――もうひとつの格差のゆくえ』(岩波書店)、『家族難民――中流と下流――二極化する日本人の老後』『底辺への競争――格差放置社会ニッポンの末路』『結婚不要社会』『新型格差社会』(すべて朝日新聞出版)、『日本の少子化対策はなぜ失敗したのか?――結婚・出産が回避される本当の原因』(光文社)など多数。

朝日新書
946
パラサイト難婚社会(なんこんしゃかい)

2024年2月28日第1刷発行

著者 山田昌弘

発行者 宇都宮健太朗
カバーデザイン アンスガー・フォルマー 田嶋佳子
印刷所 TOPPAN株式会社
発行所 朝日新聞出版
〒104-8011 東京都中央区築地5-3-2
電話 03-5541-8832(編集)
03-5540-7793(販売)

Published in Japan by Asahi Shimbun Publications Inc.
ISBN 978-4-02-295256-1
定価はカバーに表示してあります。

ブッダに学ぶ　老いと死

山折哲雄

俗人の私たちがブッダのように悟れるはずはない。しかし、紀元前500年ごろに80歳の高齢まで生きたブッダの人生、特に悟りを開く以前の「俗人ブッダの生き方」と「最晩年の姿」に長い老後を身軽に生きるヒントがある。坐る、歩く、そして断食往生まで、実践的な知恵を探る。

ハーバードが教える最高の長寿食

満尾　正

ハーバードで栄養学を学び、アンチエイジング・クリニックを開院する医師が教える、健康長寿を実現する食事術。正解は、1970年代の和食。和食は、青魚や緑の濃い野菜、みそや納豆などの発酵食品をバランスよく摂れる。毎日の食事から、健康診断の数値別の食養生まで伝授。

藤原道長と紫式部
「貴族道」と「女房」の平安王朝

関　幸彦

光源氏のモデルは道長なのか？　紫式部の想い人は本当に道長なのか？　摂関政治の最高権力者・道長と王朝文学の第一人者・紫式部を中心に日本史上最長400年の平安時代の真実に迫る！　NHK大河ドラマ「光る君へ」を読み解くための必読書。

沢田研二

中川右介

芸能界にデビューするや、沢田研二はたちまちスターに。だが、「時代の寵児」であり続けるためには、過酷な競争に生き残らなければならない。熾烈なヒットチャート争いと賞レースを、いかに制したか。ジュリーの闘いの全軌跡。圧巻の情報量で、歌謡曲黄金時代を描き切る。